수능까지 연결되는
초등

디딤돌
독해력

디딤돌 독해력[초등국어] 2

펴낸날 [초판 1쇄] 2018년 11월 1일 [초판 13쇄] 2024년 8월 25일
펴낸이 이기열
펴낸곳 (주)디딤돌 교육
주소 (03972) 서울특별시 마포구 월드컵북로 122 청원선와이즈타워
대표전화 02-3142-9000
구입문의 02-322-8451
내용문의 02-325-6800
팩시밀리 02-338-3231
홈페이지 www.didimdol.co.kr
등록번호 제10-718호

※ (주)디딤돌 교육은 이 책에 실린 모든 글의 출처를 찾기 위해
   최선의 노력을 기울였습니다.
   저작권자를 찾지 못해 허락을 받지 못한 글은 저작권자가 확인되는 대로
   통상의 사용료를 지불하겠습니다.

독해는 초등부터
시작해야 합니다

'독해는 고학년이 되면 잘할 수 있겠지.' 라고 막연하게 생각하고 계신가요?

하지만 학년이 높아져도 글 읽기를 어려워하는 학생들이 많이 있습니다.

글을 '제대로' 읽어보려는 노력 없이 독해력을 저절로 기를 수는 없습니다. 단순히 눈으로 활자를 읽어내는 것이 아니라, 읽은 내용을 토대로 **적극적으로 사고하는 '독해'를 하려면 초등생 때부터 체계적이며 반복된 훈련이 필요**합니다.

독해력은 단기간에 기를 수 없기에,
일찍 시작해서 차곡차곡 쌓아야 합니다!

모든 공부의 기본과 기초는 독해입니다.

교과서의 내용은 물론 인터넷, 신문 등 일상에서 접하는 지식과 정보가 대부분 글로 이루어져 있기 때문입니다.

기본적으로 독해력이 튼튼하게 뒷받침된 학생은 학교 공부도 잘합니다.

사고력이 커지며 스스로 생각하는 힘을 키우는

초등생이 독해 공부를 시작하기 딱 좋은 시기입니다.

독해를 일찍 공부한 학생
- 국어뿐 아니라, 다른 교과 내용도 수월하게 이해함.
- 정보를 읽고 받아들이는 힘이 생겨 자기주도적 학습 능력이 향상됨.
- 의사소통 능력이 향상됨.
→ 꾸준하고 의도적인 노력을 통해 독해력을 길러야 합니다.

1

짧고 쉬운 글을
차근차근 읽어요

1주	낱말의 뜻을 정확히 알아요
2주	인물의 말과 행동을 상상해요
3주	느낌과 분위기를 살려 읽어요
4주	누가 무엇을 했는지 확인해요
5주	상황에 알맞은 내용을 찾아요
6주	글에 어울리는 제목을 붙여요

2

다양한 글을
재미있게 읽어요

1주	꾸며 주는 말로 생생히 읽어요
2주	인물의 처지와 마음을 헤아려요
3주	인물의 모습과 행동을 상상해요
4주	설명하는 내용을 이해해요
5주	일이 일어난 차례를 살펴요
6주	글의 중심 생각을 찾아요

3

개념을 생각하며
꼼꼼하게 읽어요

1주	인물의 마음 변화를 파악해요
2주	감각적 표현의 재미를 느껴요
3주	상황에 맞게 실감 나게 읽어요
4주	중심 문장을 찾아요
5주	글쓴이의 의견을 파악해요
6주	글의 흐름을 파악해요
7주	드러나지 않은 내용을 짐작해요
8주	글의 내용을 짧게 간추려요

4

길고 어려운 글을
정확하게 읽어요

1주	글쓴이의 마음을 짐작해요
2주	인물, 사건, 배경을 이해해요
3주	이어질 내용을 짐작해요
4주	사실과 의견을 구분해요
5주	주장과 근거를 파악해요
6주	의견이 적절한지 판단해요
7주	글의 종류에 맞게 내용을 간추려요
8주	글의 주제를 파악해요

5

글의 구조를
떠올리며 읽어요

1주	글쓴이가 말하고자 하는 생각을 파악해요
2주	여러 가지 설명 방법을 이해해요
3주	글의 짜임을 파악해요
4주	글의 종류에 따라 읽기 방법을 달리해요
5주	글의 구조에 따라 내용을 요약해요
6주	자료의 특성을 생각하며 읽어요
7주	인물, 사건, 배경의 관계를 이해해요
8주	여러 가지로 해석되는 낱말의 뜻을 짐작해요

6

글과 소통하며
능동적으로 읽어요

1주	관용 표현의 뜻을 이해해요
2주	주장과 근거의 타당성을 판단해요
3주	글을 읽으며 지식과 경험을 활용해요
4주	글에 드러나지 않은 내용을 추론해요
5주	글쓴이의 관점이나 의도를 파악해요
6주	작품 속 인물을 자신과 관련지어 이해해요
7주	내용과 표현의 적절성을 판단해요
8주	비유하는 표현을 이해해요

기초를 다진 후에
본격 독해로 LEVEL UP

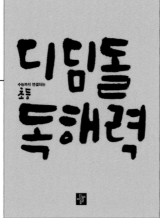

독해

초등부터 시작하고
수능까지 연결하라

독해는 수능까지
연결되어야 합니다

이제 초등생인데 수능이라니요. 제목만 보고 당황하셨지요?

하지만 이 책에서 '수능'을 언급한 것은 초등학생 때부터 수능 시험을 대비하자는 의미가 아닙니다.

뜬구름을 잡는 것처럼 무작정 많이 읽는 비효율적인 공부가 아니라, **'학교 시험'과 '수능'이라는 목표를 향해 제대로 첫 발자국을 내딛자**는 의미입니다.

초등에서 고등까지,
독해의 기본 원리는 같습니다!

일반적으로 국어 학습 내용은 나선형으로 심화된다고 이야기합니다. 학습 내용이 이전 학년의 것을 기본으로 점차적으로 어려워지고, 많아지고, 깊어지기 때문입니다. 그 중에서도 특히 '독해'는 초등에서 고등까지 핵심 개념이 같으며, 지문과 어휘 수준의 난도가 올라갈 뿐입니다. 따라서 이 책은 초등 독해의 첫 시작점을 정확히 내딛어 궁극적으로 수능까지 도달할 수 있도록 구성하였습니다.

예를 들어, 수능에 자주 출제되는 '중심 화제 파악'이라는 독해 원리를 살펴볼까요?

우리 책에서는 학년별로 해당 독해 원리를 차근차근 심화하며 궁극적으로는 수능까지 개념이 이어지도록 목차를 설계하였습니다.

1학년	6주	글에 어울리는 제목을 붙여요
2학년	6주	글의 중심 생각을 찾아요
3학년	4주	중심 문장을 찾아요
4학년	8주	글의 주제를 파악해요
5학년	1주	글쓴이가 말하고자 하는 생각을 파악해요
6학년	5주	글쓴이의 관점이나 의도를 파악해요

→

수능
중심 화제 파악

독해 공부는 속도가 아니라 방향이 중요합니다.

학교 시험을 잘 보고, **수능까지 연결되는 진짜 독해 공부**를 시작해 보세요.

디딤돌 초등 독해력으로 독해 실력을 차근차근 높여요!

이 책은 초등학생이 학습 발달 단계에 맞춰 무리 없이 독해를 공부할 수 있도록,

초등 국어 교과서 성취기준을 근거로 독해 원리를 설정하였습니다.

1~2학년은 6개, 3~6학년은 8개의 독해 목표를 선별한 후, 독해 원리를 충분히 체화할 수 있도록

1주 5day 학습으로 구성하였습니다.

글의 종류는 문학과 비문학을 고루 싣고, 학년이 높아질수록 비문학 비중을 높여

까다로운 지문에 대비할 수 있도록 하였습니다.

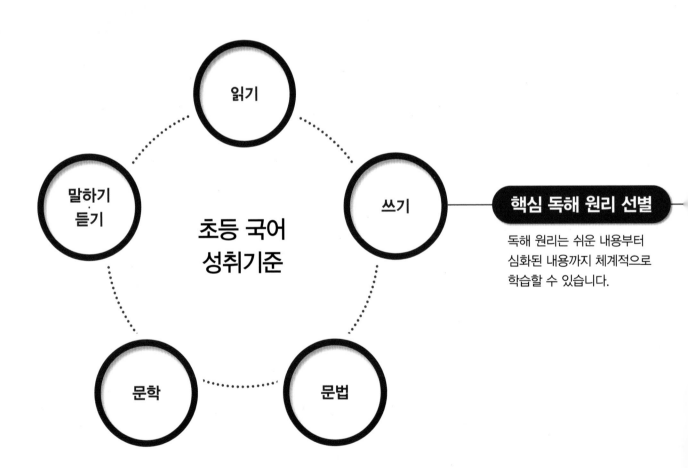

읽기

말하기
듣기

초등 국어
성취기준

쓰기

문학

문법

핵심 독해 원리 선별

독해 원리는 쉬운 내용부터
심화된 내용까지 체계적으로
학습할 수 있습니다.

2

수능까지 연결되는
초등
디딤돌
독해력

디딤돌

무엇을 공부할까요?

교과서에서는 이런 것을 배워요! (초등 1, 2학년군 성취기준)	수능에는 이렇게 나와요!
• 글자, 낱말, 문장을 관심 있게 살펴보고 흥미를 가진다. • 느낌과 분위기를 살려 그림책, 시나 노래, 짧은 이야기를 들려주거나 듣는다.	의성어와 의태어 등 꾸며 주는 말이 있는 글의 특징이나 분위기를 이해하는 내용이 나와요.
• 인물의 마음을 상상하며 그림책, 시나 노래, 이야기를 감상한다. • 글을 읽고 인물의 처지와 마음을 짐작한다.	특정 장면이나 구절을 보고 인물의 마음이 어떠한지 이해하는 문제가 나와요.
• 인물의 모습, 행동을 상상하며 그림책, 시나 노래, 이야기를 감상한다.	인물의 특성을 파악하거나 인물에 대해 잘 이해하고 있는지 묻는 문제가 나와요.
• 글을 읽고 주요 내용을 확인한다.	글에 나오는 사실을 확인하거나 주요 내용이 무엇인지 묻는 문제가 나와요.
• 일이 일어난 순서를 고려하며 듣고 말한다.	이야기에서 벌어지는 사건을 일어난 순서대로 정리하거나 이야기의 흐름을 이해하는 내용이 나와요.
• 글을 읽고 주요 내용을 확인한다.	중심 생각을 찾거나 이를 바탕으로 하여 중심 내용을 이해했는지 묻는 문제가 나와요.

어떻게 공부할까요?

1 독해 목표 확인
목표를 알고 산을 오르자

**한 주에 하나씩,
딱 뽑은 핵심 독해 원리 6개**

무작정 읽기는 노노~ 초등 성취기준에서 잘
뽑은 독해 원리를 한 주에 하나씩 배우니 부담
없이 효율적으로 공부할 수 있어요.

2 어휘 미리보기
어휘를 잡으면 독해가 쉬워진다

**스토리로 이해하면
기억에 오래~ 남는다**

어휘 공부 따로, 독해 공부 따로 하면 머릿속에 잘 안 들어오지요? 오늘 공부할
글에 나오는 단어를 스토리로 이해하고, 빈칸에 직접 써 보면 단어의 뜻을 오래
기억할 수 있어요.

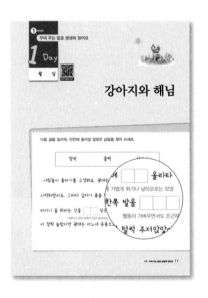

3 지문 읽기 & 문제 풀기
목표 달성을 위한 집중 훈련!

기본기와 원리
두 마리 토끼를 잡아라

글의 내용을 이해하는 것은 기본, 원리를 적용해서 꼼꼼하고 정확하게 읽어요.

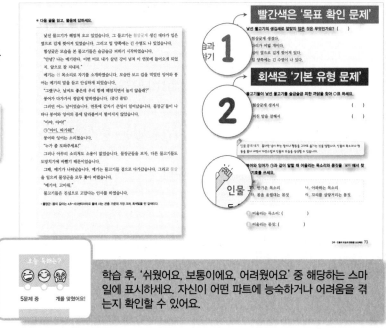

번호 위에 달린 불끈 쥔 주먹은 문제 속 개념을 꽉 잡을 수 있도록 도와 줍니다!

학습 후, '쉬웠어요, 보통이에요, 어려웠어요' 중 해당하는 스마일에 표시하세요. 자신이 어떤 파트에 능숙하거나 어려움을 겪는지 확인할 수 있어요.

4 학습 마무리
정리한 개념을 수능까지 연결한다

수능을 향한 공부 방향 확인

학습 효율을 높이는 복습은 필수! 공부한 내용을 한눈에 알 수 있도록 표로 정리했어요. 수능(기출)까지 연결되는 내용을 살펴보며 공부 방향을 잘 잡고 있음을 확인해요.

디딤돌 독해력을 어떻게 공부해야 할지 궁금하다면? **QR 코드로 검색해 보세요.**
선생님의 강의 동영상을 보면서 주차별 독해 원리를 익히고 대표지문으로 실전 독해 훈련을 합니다.

학습 계획표

WEEK **1**

꾸며 주는 말로
생생히 읽어요

꽃이 핀 모습을 표현하는 방법

과학 시간에 친구들이 강낭콩 관찰 내용을 발표하고 있어요. 어떤 친구의 발표 내용을 들었을 때 꽃이 핀 모습이 더 실감 나게 느껴지나요?

여자아이가 '하얀', '활짝'과 같은 말로 꽃이 핀 모습을 표현하였더니 꽃이 핀 모습이 더 생생하게 느껴져요. **꾸며 주는 말**을 넣어 글을 읽으면 글이 **더 생생하게 느껴지고** 글 읽는 재미를 느낄 수 있어요.

자, 그럼 글에 어떤 **꾸며 주는 말**이 쓰였는지 찾아볼까요?

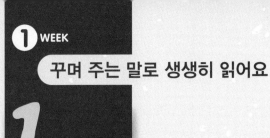

강아지와 해님

다음 글을 읽으며, 빈칸에 들어갈 알맞은 낱말을 찾아 쓰세요.

깜박	훌쩍	살며시

사람들이 줄타기를 구경해요. 광대는 줄 위에 ☐☐ 올라타 춤을 추기

단숨에 가볍게 뛰거나 날아오르는 모양

시작하였어요. 그러다 갑자기 춤을 멈추고 한쪽 발을 ☐☐☐ 들어 올

행동이 가벼우면서도 은근하고 천천히

리더니 줄 위라는 것을 ☐☐ 잊은 사람처럼 털썩 주저앉았어요. 사람들

기억이나 의식 따위가 잠깐 흐려지는 모양

이 깜짝 놀랐지만 광대는 어느새 공중으로 높이 뛰어올랐어요.

● 다음 글을 읽고, 물음에 답하세요.

강아지가 해님을 만나려고 집을 나섰습니다. 해님이 마을을 지나갔습니다. ㉠강아지도 쫄랑쫄랑 따라갔습니다. 해님이 들판으로 갔습니다. 강아지도 바쁘게 따라갔습니다.

들판에 꽃이 많아서 강아지는 기분이 좋았습니다. 해님 생각은 깜박 잊어버리고 신나게 들판을 뛰어다녔습니다. 한들한들 춤을 추는 꽃에 코를 대고 킁킁 향기도 맡았습니다.

그동안 해님은 산 너머로 훌쩍 넘어가 버렸습니다. 깜짝 놀란 강아지는 산을 넘어 해님을 찾아다녔습니다. 그러나 해님은 보이지 않았습니다. 강아지는 슬펐습니다.

숲속은 점점 어두워졌습니다. 구름 사이로 달님이 고개를 살며시 내밀었을 때 ㉡강아지는 작은 연못을 발견하였습니다.

"앗!"

강아지는 깜짝 놀랐습니다. 연못에 해님이 누워 있었습니다. 달님을 꼭 닮은 해님이었습니다.

꾸며 주는 말 '노란 우산'에서 '노란'은 우산을 더 자세하게 설명해 줍니다. '노란'과 같이 뒤에 오는 말을 꾸며 주어 그 뜻을 자세하게 해 주는 말을 꾸며 주는 말이라고 합니다.

꾸며 주는 말
알기

1 ㉠에서 꾸며 주는 말을 찾아 ○표 하세요.

강아지도	쫄랑쫄랑	따라갔습니다
( )	( )	( )

2 ⓒ에서 '작은'이 꾸며 주어 그 뜻을 자세하게 해 주는 말을 찾아 ○표 하세요.

강아지	연못	발견
( )	( )	( )

꾸며 주는 말
알기

3 이 글에 나오는 꾸며 주는 말의 뜻을 찾아 선으로 이으세요.

❶ 쫄랑쫄랑 •

• ㉮ 자꾸 가볍고 경망스럽게 까부는 모양

❷ 한들한들 •

• ㉯ 콧구멍으로 숨을 세차게 띄엄띄엄 내쉬는 소리

❸ 킁킁 •

• ㉰ 가볍게 자꾸 이리저리 흔들리거나 흔들리게 하는 모양

4 이 글에서 가장 먼저 일어난 일은 무엇인가요? ( )

① 해님이 산 너머로 넘어가 버렸다.
② 강아지는 작은 연못을 발견하였다.
③ 강아지는 신나게 들판을 뛰어다녔다.
④ 강아지가 해님을 만나려고 집을 나섰다.

5 다음은 이 글을 시로 바꾸어 쓴 것입니다. 빈칸에 알맞은 꾸며 주는 말을 글에서 찾아 쓰세요.

해님이 가는 곳마다

따라가는 강아지.

춤추는 꽃

향기 맡는 동안

해님은 산 너머로

넘어갔네.

어두워진 숲 속
연못에 비친 것은

"앗!"
달님을 꼭 닮은 해님이다.

오늘 독해는?

5문제 중   개를 맞혔어요!

비가 와요

다음 글을 읽으며, 빈칸에 들어갈 알맞은 낱말을 찾아 쓰세요.

빗줄기	개울	시내

굵은 ☐☐☐ 가 산골짜기에 내리면 작은 ☐☐ 의 물은 아주 짧은

줄이 진 것처럼 세차게 내리는 비   골짜기나 들에 흐르는 작은 물줄기

동안에도 엄청나게 불어나요. 비가 계속될수록 물의 양은 많아지고 속도도

빨라지지요. 개울물은 낮은 곳으로 흘러 ☐☐ 가 되고 시냇물은 모여

골짜기나 평지에서 흐르는 자그마한 내

강을 이루어요. 강물은 흘러서 바다로 간답니다.

● 다음 시를 읽고, 물음에 답하세요.

비가 와요.
높은 언덕 위에도
새싹들 풀밭 위에도
연못에도.

비가 와요.
개구리는 개굴개굴
목청껏 노래 부르고
개구쟁이 우리들도 첨벙첨벙
신나게 발장구 쳐요.

비가 와요.
주룩주룩 빗줄기가 개울에 모이고
개울물은 힘차게 시내로 흘러가
졸졸졸 강을 지나 바다로 가요.

비가 와요.
새싹들은 푸우푸우
세수하며 물장난하고
장난꾸러기 우리들은 물웅덩이 진흙탕
맨발로 ㉠신나게 돌아다녀요.

1 이 시를 읽고 떠올린 장면으로 알맞지 <u>않은</u> 것은 무엇인가요? (   )

① 비에 젖은 새싹의 모습

② 비 오는 날 개구리의 모습

③ 눈 오는 날 아이들이 노는 모습

④ 빗물이 개울에서 시내로 흘러가는 모습

2 3연에서 빗물이 모여 어디로 흐른다고 하였는지 빈칸에 알맞게 쓰세요.

개울 → [|] → 강 → [|]

> **흉내 내는 말** 흉내 내는 말도 꾸며 주는 말이 될 수 있습니다. 이 시에는 개구리 울음소리, 발장구 치는 소리, 비 오는 소리, 물 흐르는 소리 등에 흉내 내는 말이 나타나 있습니다.

꾸며 주는 말 알기

3 이 시에서 비 오는 소리를 흉내 내는 말을 찾아 ○표 하세요.

첨벙첨벙	주룩주룩	푸우푸우
( )	( )	( )

4 ㉠과 바꾸어 써도 뜻이 통하는 말을 찾아 ○표 하세요.

길게	즐겁게	데굴데굴
( )	( )	( )

5 ㉠의 꾸며 주는 말을 사용하여 말한 친구의 이름을 쓰세요.

> **진수** : 아이들이 신나게 물놀이를 해요.
> **경희** : 새가 나무에서 힘차게 노래해요.
> **지윤** : 아이들이 즐겁게 물고기를 잡아요.

(   )

오늘 독해는?

5문제 중   개를 맞혔어요!

오른쪽이와 동네한바퀴

다음 글을 읽으며, 빈칸에 들어갈 알맞은 낱말을 찾아 쓰세요.

버릇	무심코	말문

서후는 친구의 잘못한 점을 꼭 집어서 가리키는 ☐☐ 이 있어요. 평소

오랫동안 자꾸 반복하여 몸에 익어 버린 행동

에는 말이 없는데 친구가 잘못한 점을 발견하면 ☐☐ 이 열려요. 하지

말을 할 때에 여는 입

만 서후는 ☐☐☐ 던진 말 때문에 친구의 마음이 상할 수 있다는 것

아무런 뜻이나 생각이 없이

을 잘 알고 있어요. 그래서 친구의 잘한 점을 함께 이야기한답니다.

내 이름은 오른쪽이입니다. 나는 똘이의 오른쪽 운동화입니다. 타박타박 걷기도 하고 다다다 달리기도 합니다. 눈에 띄는 것은 무엇이든지 뻥 차는 버릇이 있답니다.

똘이가 처음 나를 신고 밖으로 나갔을 때, 음료수 깡통을 무심코 툭 찼습니다. 그러자 왈강달강 요란한 소리가 나지 뭡니까? 정말 우습고 재미있었습니다. 그때부터 이것저것 툭툭 차는 버릇이 생겼답니다.

"앞만 보고 얌전히 다닐 수 없니?"

왼쪽이는 불평을 하였습니다.

그런데 나를 아주 좋아하는 친구가 있습니다. 바로 유나의 빨간 구두입니다.

"빈 요구르트병 차 보았니? 무슨 소리를 내니?"

"또르르!"

"헌 신문지는?"

"치이익!"

"대문은?"

"텅!"

나는 빨간 구두가 묻는 것은 무엇이든지 쉽게 대답할 수 있었습니다.

"신발은? 신발도 차 보았니?"

빨간 구두는 '요것은 못 해 보았겠지.' 하는 표정이었습니다.

"그럼. 그런데 소리는 별로 재미없어. 공중으로 붕 떴다가 툭 떨어진다."

"너, 강아지도 차 보았겠구나?"

빨간 구두의 말에 나는 그만 말문이 막혔습니다.

'내가 왜 그 생각을 못 했을까? 집에 가는 대로 동네한바퀴를 걷어차 보아야지.'

동네한바퀴는 똘이네 강아지 이름입니다.

1 오른쪽이의 버릇은 무엇인지 빈칸에 알맞게 쓰세요.

무엇이든지 뻥 ☐☐ 버릇

꾸며 주는 말
알기

2 꾸며 주는 말을 사용한 문장을 찾아 ○표 하세요.

❶ 왼쪽이는 불평을 하였습니다.   (   )

❷ 바로 유나의 빨간 구두입니다.   (   )

3 오른쪽이가 찼을 때 나는 소리를 찾아 알맞게 선으로 이으세요.

❶   빈 요구르트병   •   • ㉮ 텅!

❷   헌 신문지   •   • ㉯ 치이익!

❸   대문   •   • ㉰ 또르르!

4 동네한바퀴는 무엇의 이름인가요? (   )

① 유나의 구두　　　　　　② 똘이의 운동화

③ 똘이네 강아지　　　　　④ 유나네 고양이

✊ **꾸며 주는 말의 효과**　이 글에는 '타박타박', '툭툭', '빨간'과 같은 꾸며 주는 말이 나옵니다. 글을 읽을 때 이런 말이 있으면 내용을 더 자세히 떠올릴 수 있고 생생하게 느낄 수 있습니다.

꾸며 주는 말
알기

5 이 글을 읽고 느낀 점을 바르게 말한 친구의 이름을 쓰세요.

> **솔지**: 이 글은 시간을 나타내는 말을 통해 일이 일어난 때를 정확히 알 수 있어.
>
> **윤성**: 이 글은 내용을 자세하고 실감 나게 꾸며 주는 말이 있어 글의 재미를 느낄 수 있어.

(　　　　　　　)

오늘 독해는?

5문제 중　　　개를 맞혔어요!

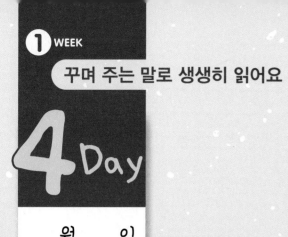

인디언 놀이

다음 글을 읽으며, 빈칸에 들어갈 알맞은 낱말을 찾아 쓰세요.

물장구	진흙	헤엄

바닷가에 나온 아이들은 신이 나서 ⬜⬜ 를 치며 놀았어요. 남자

헤엄칠 때 발등으로 물 위를 잇따라 치는 일

아이들 가운데에서는 바다에서 ⬜⬜ 을 치는 아이도 있었어요. 물놀이

사람 따위가 물속에서 나아가기 위하여 팔다리 등을 움직이는 일

를 끝내고 아이들은 맨발로 공원 잔디밭까지 걸었어요. 그랬더니 발바닥에

⬜⬜ 이 잔뜩 묻었어요. 이 모양으로 집에 돌아가야 할까 봐요.

빛깔이 붉고 차진 흙

● 다음 글을 읽고, 물음에 답하세요.

"와, 인디언 놀이 하자!"

옷을 벗고 팬티만 걸친 아이들이 영숙이를 돌아보았습니다.

"뭘 봐? 너는 저리 돌아서 있어."

종범이가 돌아서서 팬티를 벗고 첨벙첨벙 물장구를 치며 달려갑니다. 그러자 다른 아이들도 용기를 내어 팬티를 벗고 첨벙거리며 달려갑니다.

영숙이는 혼자 저만큼 밑으로 내려가 냇가에 있는 돌들을 헤치며 고기를 잡습니다. 그러나 눈길은 자꾸 남자아이들한테로 갑니다.

냇물이 휘돌아 치는 냇둑에는 까만 진흙이 있습니다. 아이들은 진흙을 파서 몸에 바릅니다. 얼굴부터 다리까지 골고루 바릅니다.

"야호!"

손을 번쩍 치켜든 아이도 있습니다.

"끼유! 끼유!"

텔레비전에서 본 아프리카 원주민들의 목소리를 흉내 내며 춤을 추는 아이들도 있습니다. 부들 잎을 꺾어 모자를 만들어 머리에 쓴 아이들도 있습니다.

석이가 부들 잎으로 만든 치마를 높이 흔들며 소리쳐 부릅니다.

"영숙아, 이 치마 입고 너도 같이 놀자!"

하지만 영숙이는 못 들은 척합니다. 그래도 자꾸만 아이들에게 눈길이 갑니다. ㉠영숙이도 남자아이들과 신나게 놀고 싶은 마음이 굴뚝같습니다.

하지만 석이가 만들어 준 부들 잎 치마를 입는다 해도 발가벗고 있으면 부끄러울 것 같습니다.

(㉡) 뛰어놀던 아이들이 냇물로 뛰어들어 헤엄을 칩니다. 그 바람에 몸에 바른 진흙이 다 씻겨 내려갔습니다.

1 아이들은 무슨 놀이를 하였나요? (   )

① 쥐불놀이   ② 소꿉놀이
③ 숨바꼭질   ④ 인디언 놀이

2 영숙이가 같이 놀자는 석이의 말을 못 들은 척한 까닭을 찾아 ○표 하세요.

❶ 발가벗고 있으면 부끄러울 것 같아서   (   )

❷ 다른 남자아이들과 더 신나게 놀고 싶어서   (   )

> 글 내용에 어울리는 꾸며 주는 말 꾸며 주는 말은 대상에 어울리게 사용하여야 합니다. 글에서 대상에 대해 어떤 생각이나 느낌을 표현하였는지에 따라 어울리는 꾸며 주는 말이 다릅니다.

꾸며 주는 말
알기

3 꾸며 주는 말 가운데 이 글에서 놀이하는 모습에 더 어울리는 것을 골라 ○표 하세요.

❶ 아이들이 옷을 벗고 (첨벙첨벙 , 느릿느릿) 물장구를 치며 달려갔습니다.

❷ 아이들은 (하얀 , 까만) 진흙을 파서 얼굴부터 다리까지 골고루 발랐습니다.

4 ㉠에서 '굴뚝같다'는 어떤 뜻으로 쓰였는지 알맞은 것을 찾아 기호를 쓰세요.

> **가.** 바라거나 그리워하는 마음이 몹시 간절하다.
> **나.** 말이나 행동 따위가 참되지 않고 터무니없다.
> **다.** 불을 땔 때 연기가 밖으로 빠져나가도록 만든 물건 같다.

(   )

꾸며 주는 말
알기 **5** ㉡에 들어갈 꾸며 주는 말로 알맞지 <u>않은</u> 것을 찾아 ○표 하세요.

즐겁게	맛있게	신나게
( )	( )	( )

오늘 독해는?

5문제 중   개를 맞혔어요!

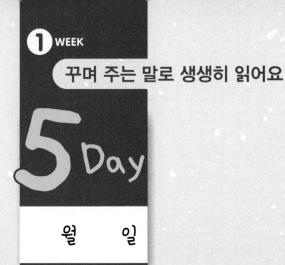

변함없는 충성심

다음 글을 읽으며, 빈칸에 들어갈 알맞은 낱말을 찾아 쓰세요.

포위	사자	도리

전염병이 돌자 마을이 [ ][ ]를 당하였어요. 군인들은 사람들이 함부로

　　　　　주위를 에워쌈.

마을을 오가지 못하게 막았어요. 그때 이웃마을에서 온 [ ][ ]가 전염병

　　　　　　　　　　　　명령을 받고 심부름을 하는 사람

치료를 도와줄 의사를 데려왔어요. 이웃 간의 [ ][ ]를 지켜 준 이웃마

　　　　　　　　사람이 마땅히 행하여야 할 바른길

을 사람들의 행동에 따뜻한 마음이 느껴졌어요.

● 다음 글을 읽고, 물음에 답하세요.

이성계의 군대가 허락 없이 되돌아온다는 소식을 들은 고려 조정은 큰 혼란에 빠졌습니다.

대장군 최영은 궁궐이 있는 개경을 지키기 위해 사방에서 군사들을 끌어모았습니다. 그러나 대부분의 군사가 요동 정벌*에 나가 있어서 모을 수 있는 군사가 얼마 되지 않았습니다.

이성계의 군사는 개경을 쉽게 포위하였습니다.

이성계는 선배 장군인 최영을 진심으로 존경하고 있었습니다. 그래서 최영의 목숨을 구해 주려고 몰래 사자를 보냈습니다.

사자가 최영에게 ㉠이성계의 뜻을 전하였습니다.

"이 장군은 어리석은 임금 대신 새 임금을 모시려고 합니다. 그것이 나라와 백성을 위한 길이니까요."

"신하가 임금을 쫓아내다니 말이 되느냐? 아무리 못난 임금이라도 충성을 다해 섬기는 것이 신하의 도리다. 나는 이 말밖에 할 말이 없다."

이성계는 최영의 마음을 돌릴 수 없다는 것을 알았습니다.

개경은 ㉡힘없이 함락*되었습니다. 최영은 처형되는 날 이렇게 말하였습니다.

"내겐 임금님에 대한 충성심 말고 다른 마음이 없다. 그것을 증명하기 위해 내 무덤에는 풀이 자라지 않을 것이다."

최영의 무덤은 지금도 벌건 채 한 줌의 풀도 볼 수 없습니다.

• 정벌: 적 또는 죄 있는 무리를 무력으로써 침.
• 함락: 적의 성, 요새, 진지 따위를 공격하여 무너뜨림.

1 ㉠의 내용은 무엇인가요? (   )

① 개경을 지키겠다는 뜻

② 요동을 정벌하겠다는 뜻

③ 못난 임금이라도 섬기겠다는 뜻

④ 최영의 목숨을 구해 주겠다는 뜻

2 최영이 새 임금을 모시겠다는 이성계의 생각을 반대한 까닭을 찾아 ○표 하세요.

❶ 이성계와 새 임금의 말을 믿을 수 없어서   (   )

❷ 못난 임금이라도 섬기는 것이 신하의 도리라서   (   )

✊ **꾸며 주는 말로 표현하기** 단순히 꾸며 주는 말을 사용하는 것보다 꾸며 주는 말을 사용해서 글의 내용 또는 생각이나 느낌을 구체적이고 생생하게 표현하는 것이 중요합니다.

꾸며 주는 말
알기

3 다음 밑줄 친 꾸며 주는 말이 알맞게 쓰인 문장을 찾아 기호를 쓰세요.

> **가.** 최영 장군은 <u>충성스러운</u> 신하이다.
> **나.** 이성계는 선배 장군인 최영을 <u>바쁘게</u> 존경하였다.
> **다.** 고려 조정은 이성계의 군대가 되돌아온다는 소식을 듣고 <u>작은</u> 혼란에 빠졌다.

(   )

4 ⓒ의 꾸며 주는 말을 알맞게 사용한 문장을 찾아 ○표 하세요.

① 신이 난 아이들은 <u>힘없이</u> 뛰어다녔어요.　　　　　（　　）

② 강아지도 지쳤는지 <u>힘없이</u> 쓰러져 버렸어요.　　　（　　）

5 이 글을 읽고 최영의 생각과 비슷한 의견을 말한 친구의 이름을 쓰세요.

> **혜선**: 저는 어리석은 임금을 몰아내는 것은 나라를 위해 어쩔 수
> 없이 해야 하는 일이라고 생각해요.
>
> **윤기**: 저는 못난 임금이라도 충성을 맹세했다면 무슨 일이 있어도
> 지켜야 한다고 생각해요.

（　　　　）

오늘 독해는?

5문제 중　　　　개를 맞혔어요!

WEEK

꾸며 주는 말로 생생히 읽어요

마무리

독해 원리 학습

꾸며 주는 말

개념
뒤에 오는 말을 꾸며 주어 그 뜻을 자세하게 해 주는 말

효과
생각을 정확하게 나타낼 수 있고, 느낌을 실감 나게 표현할 수 있다.

꾸며 주는 말과 그 효과를 생각하며 읽으면
글의 분위기를 이해하는 데 도움이 됩니다.

나의 사랑, 나의 결별,
㉤샘터에 물 고이듯 성숙하는
내 영혼의 슬픈 눈.　　　　　　　　　－이형기, 「낙화」

31. 윗글의 표현상 특징의성어란 '사람이나 사물의 소리를 흉내 낸 말'을 뜻해요.
　수능에는 의성어 등 꾸며 주는 말이 있는 글의 특징이나
① 자조적 표현을　분위기를 이해하는 내용이 나와요!
② 의성어를 활용하
③ 영탄과 독백의 어조를 통해 화자의 심정을 드러내고 있다.

의성어를 활용　　여 대상의 불변성을 부각하고 있다.

WEEK 2

인물의 처지와 마음을 헤아려요

주고받는 마음

동건이는 찰흙 작품을 멋지게 완성해서 기쁜데 민주는 그렇지 않은 것 같아요. 작품이 잘되지 않아서 속상해하는 친구에게 작품이 만들기 쉽다고 말한다면 친구는 기분이 좋지 않을 거예요.

동건이가 민주의 마음을 잘 헤아려 말한다면 민주와 더 사이좋게 지낼 수 있어요. 글을 읽을 때 인물의 처지와 마음을 헤아리면 다른 사람의 **마음을 공감하여** 자신의 생각을 적절하게 표현하고 다른 사람을 **배려하는 태도**를 가질 수 있어요.

자, 그럼 글을 읽고 **인물의 처지와 마음**을 헤아려 볼까요?

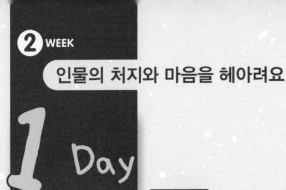

❶ 아빠의 마음
❷ 어젠 미안했어

다음 글을 읽으며, 빈칸에 들어갈 알맞은 낱말을 찾아 쓰세요.

힘껏	언짢음	뒤척이게

엄마가 아빠에게 집게를 쥐어 주며 닭고기를 　　　　 하였어요.
　　　　　　　　　　　　　　　　　　　　　물건이나 몸을 이리저리 뒤집게

아빠는 혼자서도 잘하는데 엄마가 잔소리를 한다고 불만이에요. 그

　　　　 을 잘 참아내고 아빠표 닭튀김이 완성되었어요. 엄마가 잘했
마음에 들지 않거나 좋지 않음.

다고 아빠를 　　 껴안아 주었어요.
　　　　있는 힘을 다하여

● 다음 글을 읽고, 물음에 답하세요.

오늘은 채원이 생일이에요. 그런데 저녁 아홉 시가 되도록 아빠는 집에 돌아오지 않으셨어요. 채원이는 속상해서 눈물이 나왔어요. 그때 초인종이 울렸어요.

"여보, 다리가 왜 그래요?"

아빠는 현관 앞에서 목발을 짚고 서 계셨어요.

"늦어서 미안해. 계단에서 넘어져 다리를 다쳤지 뭐야."

"저는 그런 줄도 모르고……. 죄송해요, 아빠."

"그래도 이건 잊지 않았단다."

아빠는 생일 축하 케이크가 담긴 상자를 내미셨어요.

"아빠, 고마워요."

채원이는 고마워서 아빠를 힘껏 껴안았어요.

> 마음을 나타내는 말 '기뻐요', '슬퍼요', '미안해요'와 같은 말이 마음을 나타내는 말입니다. 마음을 나타내는 말에는 인물의 마음이 직접 표현되어 있습니다.

인물의 처지와
마음 헤아리기

1 이 글에서 마음을 나타내는 말이 <u>아닌</u> 것은 무엇인가요? (   )

① 그런데   ② 속상해서
③ 죄송해요   ④ 고마워요

2 채원이가 아빠를 껴안은 까닭을 빈칸에 알맞게 쓰세요.

채원이는 [   ][   ][   ][   ] 아빠를 힘껏 껴안았다.

교실에서 짝에게

그냥 쏘아붙여 주었던 말이

그 언짢음이

이렇게 찰싹 달라붙어

따라다닐 줄 미처 몰랐습니다.

해가 지면

그림자는 사라지는데 말입니다.

잠자리에서도 뒤척이게 했습니다.

그렇습니다.

내일은 등교하는 대로

다가가 사과하렵니다.

"어젠 미안했어.

별 생각 없이 불쑥

튀어나온 말이었는데

마음 많이 상했지?"

3. 말하는 이가 잠자리에서 생각한 내용으로 알맞지 <u>않은</u> 것은 무엇인가요?

(   )

① 짝에게 쏘아붙인 말이 후회스러워.

② 내일 학교에 가는 대로 짝에게 사과해야지.

③ 내가 한 말 때문에 짝의 마음이 상했을 거야.

④ 해가 지면 그림자가 사라지듯 마음이 편안하군.

4 말하는 이가 짝에게 전하고 싶은 마음을 찾아 ○표 하세요.

고마운 마음	미안한 마음	그리운 마음
( )	( )	( )

5 말하는 이가 짝에게 사과할 때 알맞은 말을 찾아 기호를 쓰세요.

> **가.** 내가 한 말 때문에 속상했지? 정말 미안해.
> **나.** 나한테 찰싹 달라붙어서 따라다닌 것 사과하렴.
> **다.** 너와 함께 잠자리를 잡고 그림자놀이를 해서 즐거웠어.

( )

오늘 독해는?

5문제 중   개를 맞혔어요!

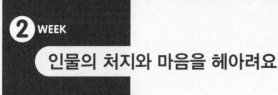

WEEK

인물의 처지와 마음을 헤아려요

2Day

월   일

새싹한테서 온 전화

다음 글을 읽으며, 빈칸에 들어갈 알맞은 낱말을 찾아 쓰세요.

마당	가지	새싹

우리 집 ☐☐ 에는 꽃밭이 있어요. 봄이 되면 여러 종류의 꽃을 사다

집의 앞이나 뒤에 평평하게 닦아 놓은 땅

심어요. 따로 씨앗을 뿌리지 않았는데 ☐☐ 이 올라오기도 해요. 이렇

새로 돋아나는 싹

게 나온 새싹은 더 소중히 다루어요. 올해는 개나리 ☐☐ 를 꺾어다 심

나무나 풀의 원줄기에서 뻗어 나온 줄기

어 놓았어요. 꽃밭 가득 개나리꽃이 피면 좋겠어요.

● 다음 글을 읽고, 물음에 답하세요.

햇볕이 따사로운 어느 봄날이었습니다. 준미는 마당에서 혼자 소꿉놀이를 하고 있었습니다.

그때 전화가 왔습니다.

"따르릉, 따르릉!"

"어? 이건 장난감 전화기인데?"

㉠준미는 눈을 동그랗게 떴습니다. 장난감 전화기의 줄은 꽃밭에 있는 개나리 가지에 묶여 있었습니다.

준미는 조심스럽게 전화를 받았습니다.

"여보세요, 거기 준미네 집이지요?"

"네, 제가 준미예요."

"겨울 동안에 잘 있었니? 우리는 새싹이야."

"새싹?"

"그래. ㉡여기는 갑갑해서 더 못 있겠어. 밖으로 나가도 되겠니?"

"그럼! 햇볕이 아주 따뜻해. 어서 나와. 나도 혼자 노니까 심심해."

"그래, 잠시만 기다려. 곧 나갈게."

준미가 전화를 끊었을 때 어머니께서 마당으로 나오셨습니다.

"엄마, 전화 왔어요. 친구들이 곧 온다고 했어요."

"어떤 친구들인데?"

"새싹 친구들이에요."

"새싹 친구들?"

어머니께서 빙그레 웃으셨습니다.

"정말이에요. 방금 새싹이 전화를 했어요."

준미는 힘주어 말하였습니다. 어머니는 여전히 웃기만 하셨습니다.

1 누가 준미에게 전화를 하였는지 알맞은 것을 찾아 ○표 하세요.

햇볕	새싹	어머니
( )	( )	( )

> 👈 **인물의 말과 행동** 인물의 말과 행동을 살펴보고 그런 말과 행동을 하게 된 까닭을 생각해 보면서 인물의 마음을 짐작할 수 있습니다.

인물의 처지와
마음 헤아리기

2 ㉠과 ㉡에 나타난 인물의 마음을 찾아 알맞게 선으로 이으세요.

❶ ㉠ •   • ㉮ 놀란 마음

❷ ㉡ •   • ㉯ 갑갑한 마음

3 ㉡에서 '여기'는 어디를 말하는지 빈칸에 알맞게 쓰세요.

개나리 [   ] 속

4 **준미가 심심한 마음이 든 까닭은 무엇인가요? (   )**

① 혼자 놀아서

② 장난감 전화기가 없어서

③ 친구랑 하는 놀이가 재미없어서

④ 어머니가 준미의 말을 믿지 않아서

5 **이 글의 내용으로 알맞지 <u>않은</u> 것의 기호를 쓰세요.**

> **가.** 준미는 새싹 친구들을 만나고 싶어 한다.
>
> **나.** 어머니는 새싹이 전화했다는 말을 듣고 웃기만 하셨다.
>
> **다.** 새싹 친구들이 준미를 찾아와 곧 겨울이 온다고 말하였다.

(   )

오늘 독해는?

5문제 중   개를 맞혔어요!

미안해 미안해
정말 미안해

다음 글을 읽으며, 빈칸에 들어갈 알맞은 낱말을 찾아 쓰세요.

잠꼬대	금방	엉터리

제인은 새근새근 잠을 자다가 "누가 온다!" 하고 [   ]를 하였어
요. 꿈속에서 제인은 피터 팬과 함께 후크 선장의 배 안에 숨어 있었어요.

　　　　　　　　　　　　잠을 자면서 자기도 모르게 중얼거리는 헛소리

후크 선장은 부하들에게 일을 [   ]로 해 놓았다고 화를 냈어요.

　　　　　　　　　보기보다 매우 실속이 없거나 실제와 어긋나는 것

제인은 [   ]이라도 들킬까 봐 마음이 조마조마하였어요.

말하고 있는 순간부터 바로 조금 뒤

"엄마, 게임기가 없어졌어요. 아까 가을이가 가지고 놀았는데 없어졌어요. 엉엉."

찬혁이가 울음을 터뜨렸어요. 가을이 때문에 혼나고 친구한테 얻어맞고 게임기는 없어지고……

'저 바보 정말 싫어. 빨리 가 버렸으면……'

가을이가 싫은데 잠도 같이 자래요. ㉠찬혁이는 등을 돌리고 누웠어요.

"으으아카!"

잠을 자던 가을이가 잠꼬대를 했어요. 찬혁이는 깜짝 놀라 일어났어요.

"얜 말을 못 하니 잠꼬대도 이상하게 하네!"

찬혁이는 깊이 잠든 가을이 얼굴을 내려다보았어요.

말을 못 하면 어떤 기분이 들까요? 엄마한테 사랑한다고 어떻게 말하지? 아빠에게 피자 사 오라고 어떻게 전화하지? 친구들하고는 어떻게 놀지?

"짭짭짭."

가을이가 꿈속에서 무엇을 먹나 봐요. 방긋방긋 웃어요.

'가을이도 꿈속에서는 말을 할 수 있을까?'

찬혁이는 흘러내린 이불을 살며시 덮어 주었어요.

다음 날, 찬혁이가 게임기를 가을이에게 주었어요. 가을이 두 눈이 커다래졌어요.

"침대 밑에 숨기면 못 찾을 줄 알았어?"

가을이가 ㉡손을 나풀거렸어요˚. 찬혁이는 그 뜻을 금방 알아챘어요.

'미안해.'

찬혁이도 가을이처럼 손을 나풀거렸어요. 엉터리였지만 가을이도 그 뜻을 금방 알아챘어요.

"미안해."

˚ 나풀거렸어요: 얇은 물체가 바람에 날리어 가볍게 자꾸 움직였어요.

1 찬혁이는 게임기가 왜 없어졌다고 생각하는지 알맞은 것을 찾아 ○표 하세요.

❶ 엄마가 숨겨 놓아서 ( )

❷ 가을이가 가지고 놀아서 ( )

인물의 처지와
마음 헤아리기 **2** ㉠에는 어떤 마음이 나타나 있나요? ( )

① 가을이랑 놀고 싶다.

② 가을이랑 친해지고 싶다.

③ 가을이랑 같이 자기 싫다.

④ 가을이보다 먼저 잠들기 싫다.

3 찬혁이가 가을이의 처지를 이해하게 된 생각으로 알맞지 <u>않은</u> 것의 기호를 쓰세요.

> 가. 말을 못 하면 침대 밑에 게임기를 어떻게 숨기지?
> 나. 말을 못 하면 엄마한테 사랑한다고 어떻게 말하지?
> 다. 말을 못 하면 아빠에게 피자 사 오라고 어떻게 전화하지?

( )

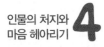
ⓒ의 행동에 나타난 인물의 마음을 찾아 ○표 하세요.

고마워.	미안해.	괜찮아.
( )	( )	( )

✊ **마음의 변화** 인물의 마음은 항상 같은 것이 아니라 상황에 따라 바뀌기도 합니다. 이야기에서 인물의 마음이 어떻게 달라졌는지 살펴보면 인물을 더 깊이 있게 이해할 수 있습니다.

찬혁이의 마음 변화를 바르게 말한 친구의 이름을 쓰세요.

> **현진**: 게임할 때는 가을이가 좋았는데 잠꼬대를 들었을 때는 서운
> 한 마음이 들었어.
> **연익**: 게임기가 없어졌을 때는 가을이가 싫었는데 가을이의 처지
> 를 이해했을 때는 미안한 마음이 들었어.

( )

오늘 독해는?

5문제 중 　　 개를 맞혔어요!

4 Day

월   일

동생 따윈
필요 없어

다음 글을 읽으며, 빈칸에 들어갈 알맞은 낱말을 찾아 쓰세요.

완전히	도저히	무조건

형의 로봇이 망가졌어요. 형은 [　　] 나에게 화를 냈어요. 나는 억
　　　　　　　　　　　　　이리저리 살피지 아니하고 덮어놓고

울해서 [　　] 참을 수가 없었어요. 형과 다투고 있을 때 엄마가 들
　　　아무리 하여도

어와 로봇을 망가뜨려서 미안하다고 형에게 사과하셨어요. 형도 나에게 사

과하면서 싸움은 [　　] 끝났어요.
　　　　　　　필요한 것이 모두 갖추어져 모자람이나 흠이 없이

● 다음 글을 읽고, 물음에 답하세요.

호아 아줌마가 오고부터 우리 집은 완전히 달라졌다. 아침밥으로 먹던 토스트와 달걀부침 대신 밥을 먹었다. 가끔 끔찍하게 베트남 요리도 나왔다. 나는 이상한 냄새 때문에 코를 움켜쥐곤 했다.

"도저히 못 먹겠어. 라면 먹을래요."

"자꾸 먹어 보면 맛있어."

아빠는 그렇게 말했다.

"치, 아빠나 많이 먹어."

호아 아줌마 편만 드는 아빠가 얄밉다.

아침이면 아빠는 호아 아줌마를 차에 태우고 공장으로 간다. 하롱은 아파트 단지 안 놀이방에 가고 나는 학교로 간다. 즐거운 일은 하나도 없었다. 집에서 친구들과 노는 일도 금지됐다. 친구들이 어지르고 가면 호아 아줌마 일이 많아진다는 게 그 까닭이다. 호아 아줌마도 하롱도 다 미웠다. 그런데 아빠는 무조건 일 년만 참으라고 한다.

더 짜증 나는 건 아줌마가 올 때까지 하롱을 돌봐 줘야 하는 거다. 하롱은 한국 말과 베트남 말을 섞어 쓰는데 어떤 때는 전혀 알아들을 수 없는 말을 했다. 날이 지날수록 나는 하루하루가 지겨웠다. 하롱은 뭐가 그리 좋은지 날마다 즐거워했다. 하롱은 놀이방, 문방구, 슈퍼를 혼자 다닐 줄 알게 되었고 그림책에도 푹 빠져 살았다.

요즘 하롱은 스케치북과 크레파스만 있으면 혼자 논다.

"누나 올 때까지 방에만 있어. 딩동 소리 나도 문 열면 안 돼!"

하롱이 고개를 끄덕였다. 하롱에게 크레파스와 스케치북을 던져 주고 신나게 밖에서 놀았다.

돌아오는 길에 아이스크림도 사 먹었다. 하롱에게 줄 아이스크림은 없었다.

인물의 처지와
마음 헤아리기 **1** **'내'가 속상한 마음이 든 상황으로 알맞지 <u>않은</u> 것은 무엇인가요? (   )**

① 가끔 밥으로 베트남 요리가 나온다.

② 집에서 친구들과 노는 일이 금지되었다.

③ 집에서 한국말과 베트남 말을 섞어 써야 한다.

④ 호아 아줌마가 올 때까지 하롱을 돌봐 줘야 한다.

인물이 처한 상황 인물의 마음에는 그런 마음이 들게 된 상황이 있습니다. 인물이 처한 상황을 알면 인물이 그런 마음이 든 까닭을 알 수 있고 인물의 마음에 공감할 수 있습니다.

인물의 처지와
마음 헤아리기 **2** **인물의 마음이 나타난 부분과 그 마음을 알맞게 선으로 이으세요.**

❶ 호아 아줌마도 하롱도 다 미웠다.

⑦ 미운 마음

❷ 더 짜증 나는 건 아줌마가 올 때까지 하롱을 돌봐 줘야 하는 거다.

⑭ 지겨운 마음

❸ 날이 지날수록 나는 하루하루가 지겨웠다.

⑮ 짜증 나는 마음

3 하롱의 마음을 알 수 있는 부분을 찾아 ○표 하세요.

1 날마다 즐거워했다.   (   )

2 하루하루가 지겨웠다.   (   )

4 이 글의 '나'에게 하고 싶은 말을 바르게 말한 친구의 이름을 쓰세요.

> 다혜: 네가 하롱을 동생으로 받아들이고 따뜻하게 돌봐 주는 모습
>   이 감동적이야.
>
> 명수: 네가 집에서 친구들과 놀지 못하는 대신 하롱과 재미있는
>   놀이를 하면 좋을 것 같아.

                                                    (   )

유석이의 하루

다음 글을 읽으며, 빈칸에 들어갈 알맞은 낱말을 찾아 쓰세요.

직장	시무룩한	발걸음

아버지는 평일에는 ☐☐ 근처에 계시다가 주말에만 집에 오셔요. 주

　　　사람들이 일정한 직업을 가지고 일하는 곳

말에 우리 가족은 행복한 시간을 보내요. 하지만 아버지가 직장 근처로 돌

아가가실 때에는 나도 모르게 ☐☐☐☐ 얼굴을 해요. 그러면 아버지

　　　　　　　　　못마땅하여 말없이 부루퉁해 있는

는 ☐☐☐이 떨어지지 않는지 집 앞에 한참 동안 서 계신답니다.

　　발을 옮겨서 걷는 동작

유석이는 오늘도 혼자 집을 나섰습니다. 유석이 부모님은 아침 일찍 직장에 나가시기 때문입니다.

유석이가 골목을 지나가는데 친구 동민이의 목소리가 들렸습니다.

"엄마, 학교 다녀오겠습니다. 참! 오늘 학교에 오실 거죠?"

오늘은 어머니들께서 학교에 오시는 날입니다. 그런데 유석이 어머니께서는 오실 수 없습니다.

공부를 하면서도 ㉠유석이는 자꾸 창밖을 내다보았습니다. 친구들 어머니께서는 한 분 두 분 오시는데, 유석이 어머니의 모습은 보이지 않았습니다.

동민이는 유석이의 시무룩한 표정을 보고 말을 건넸습니다.

"유석아, 엄마 안 오셨니?"

"응, 우리 엄마는 회사에 가셨어."

"유석이 너는 참 좋겠다. 엄마가 집에 안 계시면 네 마음대로 놀 수 있잖아?"

㉡"아니야, 나는 네가 부러워. 집에 가면 엄마가 늘 계시잖아?"

학교 공부를 마치고 돌아오는 유석이의 발걸음은 무거웠습니다.

그런데 집에 와 보니 책상 위에 쪽지가 놓여 있었습니다. 유석이가 아침에 미처 보지 못하였나 봅니다.

쪽지를 읽는 유석이의 얼굴이 점점 환해졌습니다.

유석아.

오늘 학교에 가지 못해서 미안해. 그 대신 오늘은 일찍 돌아와서 우리 유석이가 좋아하는 음식을 많이 만들어 줄게.

엄마는 유석이를 사랑해.

1 유석이가 혼자 집을 나선 까닭은 무엇인가요? (　　)

① 부모님께 꾸중을 들어서

② 부모님과 함께 살지 않아서

③ 친구들이 데리러 오지 않아서

④ 부모님이 아침 일찍 직장에 나가셔서

인물의 처지와
마음 헤아리기 **2** ㉠에서 알 수 있는 유석이의 마음을 찾아 ○표 하세요.

❶ 어머니가 학교에 오시기를 바라는 마음　　　　　　　　(　　)

❷ 친구들 어머니가 교실을 못 찾을까 봐 걱정하는 마음　　(　　)

인물의 처지와
마음 헤아리기 **3** 인물과 인물의 마음을 알맞게 선으로 이으세요.

❶ 　유석이　·

·㉮ 집에 가면 늘 엄마가 계신 친구가 부럽다.

❷ 　동민이　·

·㉯ 엄마가 집에 안 계셔서 마음대로 놀 수 있는 친구가 부럽다.

4 ⓒ을 읽을 때 어울리는 목소리를 찾아 ○표 하세요.

놀란 목소리	신나는 목소리	힘없는 목소리
( )	( )	( )

👊 **인물과 비슷한 경험** 인물과 비슷한 경험을 떠올려 보고 그때 어떤 마음이 들었는지 생각해 보면서 자신의 마음을 표현하거나 상대의 마음을 받아들이는 태도를 익힐 수 있습니다.

인물의 처지와
마음 헤아리기 **5** **이 글에 나오는 인물과 비슷한 경험을 말한 친구의 이름을 쓰세요.**

> **한별**: 저도 엄마가 회사일로 바쁘셔서 학예 발표회에 오지 않으셨을 때 속상했어요.
>
> **도연**: 저도 친구가 준비물을 빌려주었을 때 고마움을 느낀 적이 있어요.

( )

2 WEEK

인물의 처지와 마음을 헤아려요

마무리

독해 원리 학습

인물의 마음을 짐작하는 방법

마음을 직접 나타내는 말 찾기

'행복해요', '슬퍼요', '화나요' 등 인물의 마음을 나타내는 말을 찾는다.

인물의 말이나 행동 살펴보기

인물의 말이나 행동을 살펴보고 그런 말이나 행동을 한 까닭을 생각한다.

글을 읽고 인물의 마음을 살펴봄으로써
인물의 마음을 이해하고 공감하는 능력을 기르게 됩니다.

국철은 회사와 공장이 많은 노선을 남겨 두고 있었다
저이들도 일자리로 돌아가는 중이지 않을까   -하종오, 「동승」

안타까움

38. (가)~(다)의 공통점에   적절한 것은?

① 대상의 부재에서 느끼는 안타까움이 드러나 있다.
② 자신의 궁핍한
③ 예기치 않은
④ 거스를 수 없는

밑줄 친 부분이 마음을 나타내는 말이에요. 이렇듯 수능에는 인물의 마음이 어떠한지 이해하는 내용이 나와요.

⑤ 자신의 이념과 배치되는 현실에서 느끼는 실망감이 표출되어 있다.

실망감

WEEK **3**

인물의 모습과 행동을 상상해요

목걸이를 훔친 범인을 찾아라

박물관에 전시 중인 진주 목걸이가 사라졌어요.
오리 아주머니와 돼지 아저씨가 하는 말을 듣고 여우
탐정은 범인이 누구인지 추리하고 있어요.
진주 목걸이를 훔쳐 간 범인은 누구일까요?

진주 목걸이를 훔쳐 간 동물에 대해 오리 아주머니는 몸이 까맣고 다리가 여덟 개라고 하였고, 돼지 아저씨는 그 동물의 몸에서 실이 나왔다고 하였어요. 두 동물의 **표현을 찬찬히 생각하여** 범인의 모습이나 행동을 상상하면 목걸이를 훔쳐 간 동물은 '거미'일 것 같아요.

자, 그럼 이야기에서 **인물의 모습과 행동**을 상상해 볼까요?

실전 독해 훈련

❶ 내가 왕이 될 거야
❷ 공작의 깨달음

다음 글을 읽으며, 빈칸에 들어갈 알맞은 낱말을 찾아 쓰세요.

| 화려한 | 불만 | 볼품없는 |

언니들은 [ ][ ] 옷을 입고 궁궐로 출발하였어요. 신데렐라가 마차
　　　환하게 빛나며 곱고 아름다운

에 오르는 것을 도왔지만 언니들은 고마워하기는커녕 [ ][ ]이 가득하였
　　　　　　　　　　　　　　　　　　　　　마음에 흡족하지 않음.

어요. 신데렐라도 궁궐에 가고 싶지만 [ ][ ][ ][ ] 모습으로 왕자님을
　　　　　　　　　　　　　　　겉으로 드러나 보이는 모습이 초라한

만날 수는 없어요. 요정이 나타나 예쁜 옷을 만들어 주면 좋겠어요.

● 다음 글을 읽고, 물음에 답하세요.

아기 사자 힘돌이와 센돌이는 초원에서 태어나 함께 자랐습니다.

어느 날, 사냥을 나온 임금이 힘돌이를 잡아 궁궐로 데려갔습니다. 임금은 힘돌이에게 맛있는 고기를 주고, 목에는 금 목걸이까지 걸어 주었습니다. 힘돌이는 어느덧 궁궐의 편안한 생활에 길들여졌습니다.

힘돌이가 궁궐에서 편안히 잘 지내는 동안에 센돌이는 온갖 고생을 하며 살았습니다. 굶주릴 때도 있었고, 적을 만나 싸울 때도 있었습니다.

어느 날, 힘돌이는 궁궐 담을 넘어 자기가 살던 곳으로 가 보았습니다. 마침, 그곳에서는 동물들이 왕을 뽑고 있었습니다. 어떤 용감한 사자가 왕이 되려고 나왔습니다. 그 사자는 바로 센돌이였습니다.

화려한 모습의 힘돌이도 동물의 왕을 뽑는 데 나가기로 하였습니다.

인물의 모습과
행동 상상하기 **1** **초원에서 생활한 센돌이와 궁궐에서 지낸 힘돌이에 어울리는 모습을 찾아 선으로 이으세요.**

❶ 센돌이 •　　　　　　　　• ㉮ 화려한 모습

❷ 힘돌이 •　　　　　　　　• ㉯ 용감한 모습

2 **누가 왕이 되었을지 생각한 까닭에 알맞은 인물을 빈칸에 쓰세요.**

　　　　　　 가 왕이 되었을 것이다. 온갖 고생을 하며 살아서
더 용감하고 힘이 세기 때문이다.

● 다음 글을 읽고, 물음에 답하세요.

정답은 7 쪽

공작은 자기 목소리가 아름답지 못한 것을 언제나 불만스럽게 생각하였습니다. 그래서 하느님을 찾아가 불만을 말하였습니다.

"저에게 주신 노래 재주는 동물 가운데에서 가장 형편없습니다. 저 볼품없는 꾀꼬리를 보세요. 우렁차면서도 부드러운 노랫소리는 숲의 영광을 혼자서 모두 차지하고 있지 않습니까?"

이 말을 듣고 하느님은 공작을 크게 꾸짖었습니다.

㉠"목둘레에 온갖 비단 무지개가 접혔다 펴졌다 하고 누구의 눈에도 없는 보석 같이 아름다운 눈꼬리를 갖고 있으면서도 너는 여전히 불평이구나."

공작은 하느님의 말씀을 듣고 지금까지 다른 동물을 시샘했던 자신이 부끄럽게 생각되었습니다. 그리고 모든 동물이 여러 가지 재주를 나누어 가졌다는 것을 비로소 깨달았습니다.

하느님은 매에게는 늘씬한 날개를 주었고 독수리에게는 용감한 성격을 주었습니다. 또 까마귀에게는 예언하는 재주를 주었고 꾀꼬리에게는 아름다운 목소리를 갖게 해 주었습니다.

● 형편없습니다: 결과나 상태, 내용이나 질 따위가 매우 좋지 못합니다.
● 예언: 앞으로 다가올 일을 미리 알거나 짐작하여 말함.

3 공작이 가진 불만은 무엇인가요? (   )

① 성격이 용감하지 못한 것

② 날개가 늘씬하지 못한 것

③ 예언하는 재주가 없는 것

④ 목소리가 아름답지 못한 것

인물의 모습과
행동 상상하기 **4** ㉠을 통해 공작의 모습을 바르게 상상한 것은 무엇인가요? (   )

① 볼품없는 작은 몸집이다.

② 다리가 짧아서 뒤뚱뒤뚱 걷는다.

③ 우렁차면서도 부드러운 노랫소리를 낸다.

④ 무지갯빛 목둘레와 아름다운 눈꼬리가 있다.

5 공작이 깨달은 것은 무엇인지 찾아 기호를 쓰세요.

가. 꾀꼬리의 목소리가 아름답지 못하다는 것
나. 동물들 가운데에서 자신이 가장 아름답다는 것
다. 모든 동물이 여러 가지 재주를 나누어 가졌다는 것

(   )

오늘 독해는?

5문제 중   개를 맞혔어요!

나이 자랑

다음 글을 읽으며, 빈칸에 들어갈 알맞은 낱말을 찾아 쓰세요.

따져	박은	망치

아버지는 화를 잘 내는 아이의 잘잘못을 ☐☐ 그때마다 울타리에

옳고 그른 것을 밝혀 가려

☐☐ 로 못을 박게 하였어요. 자주 못을 박게 되자 아이는 함부로 화내

단단한 물건이나 불에 달군 쇠를 두드리는 데 쓰는 연장

지 않았어요. 아버지는 이번에는 울타리에 ☐☐ 못을 하나씩 뽑게 하였

두들겨 치거나 틀어서 꽂히게 한

어요. 아이는 못 자국처럼 마음의 상처도 남는다는 것을 깨달았어요.

● 다음 글을 읽고, 물음에 답하세요.

옛날에 노루, 토끼, 두꺼비가 나이 자랑을 하였습니다.

먼저 노루가 말하였습니다.

"몸집이 크니까 내가 어른이야."

그러자 토끼가 말하였습니다.

"수염이 기니까 내가 어른이야."

두꺼비도 말하였습니다.

"주름살이 많으니까 내가 어른이야."

그때 노루가 말하였습니다.

"그럼 누구 나이가 제일 많은지 따져 보자. 나는 하늘과 땅이 생길 때에 태어났어. 하늘의 별은 내가 박은 거야. 그러니까 내 나이가 가장 많지?"

그러자 토끼가 웃으며 말하였습니다.

"네가 별을 박을 때 사다리를 밟고 올라갔잖아. 그 사다리를 만드는 데 사용한 나무는 내가 심은 거야. 그러니까 내 나이가 가장 많지?"

그때 두꺼비가 훌쩍훌쩍 울기 시작하였습니다.

"두껍아, 왜 우니?"

"자식들 생각이 나서 그래."

"자식들?"

"나한테 아들이 둘 있었는데, 나무를 심어 가꾸는 일을 하였어. 그런데 큰아들이 심은 나무는 별을 박을 때 밟고 올라간 사다리를 만드는 데 사용한 나무를 자를 때 도끼 자루°로 썼고, 작은아들이 심은 나무는 별을 박을 때 망치 자루로 썼단다. 너희 이야기를 들으니 갑자기 자식들 생각이 나지 않겠니? 어때? 내 나이가 가장 많지?"

이렇게 해서 두꺼비가 가장 어른이 되었습니다.

● 자루: 손으로 다루게 되어 있는 연장이나 기구 따위의 끝에 달린 손잡이.

1 토끼는 왜 자기가 어른이라고 하였는지 알맞은 까닭을 찾아 ○표 하세요.

1 수염이 기니까   (   )

2 주름살이 많으니까   (   )

2 세 동물은 무엇을 따져 보기로 하였나요? (   )

① 누구의 몸집이 가장 큰가
② 누구의 나이가 가장 많은가
③ 누구의 달리기가 가장 빠른가
④ 누구의 겉모습이 가장 예쁜가

인물의 모습과
행동 상상하기 **3** 세 동물의 생김새를 알맞게 상상하여 말한 친구의 이름을 쓰세요.

시현: 노루는 몸집이 클 것 같아.
진수: 토끼는 주름살이 많을 것 같아.
가빈: 두꺼비는 수염이 아주 길 것 같아.

(   )

4 '노루가 별을 박을 때 밟고 올라간 사다리'를 만드는 데 사용한 나무를 심은 동물을 찾아 ○표 하세요.

노루	토끼	두꺼비
( )	( )	( )

> 💥 **인물의 성격** 이야기에서 인물의 성격은 인물의 말과 행동을 통해 알 수 있습니다. 이 글에서 두꺼비가 한 말과 행동을 보고 두꺼비의 모습을 상상해 봅니다.

인물의 모습과
행동 상상하기

5 두꺼비의 성격이 드러나게 모습을 상상한 것은 무엇인가요? (   )

① 양보를 잘하는 모습

② 부끄러움이 많은 모습

③ 다른 사람을 위해 희생하는 모습

④ 지나치게 부풀려서 말하고 행동하는 모습

오늘 독해는?

😆 😊 😱

5문제 중   개를 맞혔어요!

신발 한 짝마저

다음 글을 읽으며, 빈칸에 들어갈 알맞은 낱말을 찾아 쓰세요.

일행	안심	쓸모

높고 험한 산일수록 ☐☐과 함께 올라가야 해요. 혼자 올라갔다가 길
함께 길을 가는 사람

을 잃거나 다치면 도움을 받기 어려워요. 휴대 전화가 있다고 ☐☐하면
모든 걱정을 떨쳐 버리고 마음을 편히 가짐.

안 돼요. 아주 높은 지역에서는 휴대 전화도 ☐☐가 없을 수 있어요.
쓸 만한 가치

그래서 등산하는 사이사이에 자신의 위치를 알리는 것이 좋답니다.

● 다음 글을 읽고, 물음에 답하세요.

간디는 인도에서 존경받는 지도자입니다.

어느 날 간디가 다른 도시로 강연을 하러 가기 위해 기차를 타러 갔습니다. 그런데 시간이 없어서 바쁘게 기차역에 도착하였습니다. 기차역에 도착하니 기차가 막 출발하려는 상황이었습니다. 급하게 기차에 올라탄 간디와 일행은 그제야 안심한 듯이 한숨을 내쉬었습니다.

그런데 급하게 서두르는 바람에 간디의 오른쪽 신발이 기차의 난간에 걸려 벗겨지고 말았습니다. 벗겨진 신발은 달리는 기차 밖으로 떨어졌습니다. 사람들은 기차 밖에 떨어져 있는 신발을 보며 발만 동동 굴렀습니다.

그때였습니다. 간디는 갑자기 자신의 왼쪽 신발을 벗더니 조금 전에 떨어진 오른쪽 신발을 향해 힘껏 던졌습니다.

사람들은 깜짝 놀라 간디에게 물었습니다.

"어찌하여 나머지 신발 한 짝마저 던져 버리셨습니까?"

㉠간디는 부드러운 미소를 지으며 말하였습니다.

"내가 떨어뜨린 신발 한 짝을 가난한 사람이 주웠다고 생각해 봐요. 신발 한 짝으로는 아무런 쓸모가 없지 않습니까? 하지만 이제 나머지 한 짝마저 가지게 되었으니 신발을 신고 다닐 수 있을 것입니다."

사람들은 간디의 말을 듣고 머리를 끄덕였습니다.

▲ 간디

1 간디가 기차에 오를 때 기차 밖으로 떨어진 것은 무엇인가요? (　　)

① 오른쪽 신발

② 선물로 받은 모자

③ 낡고 오래된 안경

④ 강연할 때 쓸 자료

2 간디가 신발 한 짝마저 기차 밖으로 던져 버린 까닭을 찾아 ○표 하세요.

1 신발을 줍게 될 사람을 배려해서 　　　　　　　　　　(　　)

2 신발을 떨어뜨린 사람을 돕기 위해서 　　　　　　　　(　　)

> 인물의 가치관　사람이 어떠한 행동이나 일을 선택하고 실천하는 데 바탕이 되는 생각을 가치관이라고 합니다. 인물의 가치관이 드러나는 말이나 행동은 인물의 모습을 상상하는 데 도움이 됩니다.

인물의 모습과
행동 상상하기

3 이 글을 통해 알 수 있는 간디가 살아가는 모습은 어떠한가요? (　　)

① 어려운 일도 참고 견디는 모습

② 다른 사람을 배려할 줄 아는 모습

③ 목표를 이루기 위해 노력하는 모습

④ 원하는 것을 얻기 위해 싸워서 이기는 모습

4 ㉠의 모습에 어울리는 말을 찾아 ○표 하세요.

게으르다.	심술궂다.	인자하다.
( )	( )	( )

인물의 모습과
행동 상상하기 **5** 간디가 살아가는 모습과 관련지어 이 글을 읽고 느낀 점을 알맞게 말한 친구의 이름을 쓰세요.

> **용규** : 신발을 찾기 위해 남에게 피해를 준 것은 옳지 않아.
>
> **지은** : 자기보다 남을 먼저 생각하는 삶의 태도를 본받고 싶어.
>
> **원호** : 사람의 목숨이 가장 소중하다는 교훈을 주고 있는 것 같아.

( )

오늘 독해는?

5문제 중 　개를 맞혔어요!

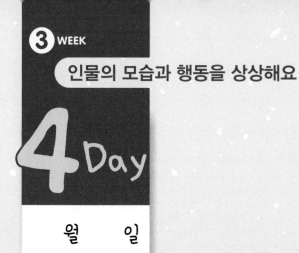

메기야, 고마워

다음 글을 읽으며, 빈칸에 들어갈 알맞은 낱말을 찾아 쓰세요.

험상궂게	쉰	물살

비바람이 몰아쳤어요. ☐☐☐☐ 생긴 파도가 덮치자 배가 출렁거
모양이나 상태가 매우 거칠고 험하게

렸어요. 선장은 ☐ 목소리로 돛을 올리라고 소리쳤어요. 바람이 거세게
목청에 탈이 나서 목소리가 거칠고 맑지 않게 된

불어와 목소리가 잘 들리지 않았어요. 마침내 선원들이 돛을 올리자 배는

바람을 타고 서서히 ☐☐ 을 헤치며 앞으로 나아갔어요.
물이 흘러 내뻗는 힘

● 다음 글을 읽고, 물음에 답하세요.

낯선 물고기가 헤엄쳐 오고 있었습니다. 그 물고기는 험상궂게 생긴 데다가 입은 옆으로 길게 찢어져 있었습니다. 그리고 입 양쪽에는 긴 수염도 나 있었습니다.

험상궂은 모습을 본 물고기들은 슬금슬금 피하기 시작하였습니다.

"안녕? 나는 메기란다. 이번 비로 내가 살던 강이 넘쳐 이 연못에 들어오게 되었지. 앞으로 잘 지내자."

메기는 쉰 목소리로 자기를 소개하였습니다. 모습만 보고 겁을 먹었던 잉어와 붕어는 메기의 말을 듣고 안심하게 되었습니다.

"그랬구나. 날씨도 좋은데 우리 함께 헤엄치면서 놀지 않을래?"

붕어가 다가가서 정답게 말하였습니다. (중간 줄임)

그러던 어느 날이었습니다. 연못에 갑자기 큰일이 일어났습니다. 물장군*들이 나타나 붕어와 잉어의 몸에 달라붙어서 떨어지지 않았습니다.

"아야, 아야!"

㉠"아이, 따가워!"

붕어와 잉어는 소리쳤습니다.

"누가 좀 도와주세요!"

그러나 아무리 소리쳐도 소용이 없었습니다. 물장군들을 보자, 다른 물고기들도 도망치기에 바빴기 때문이었습니다.

그때, 메기가 나타났습니다. 메기는 물고기들 곁으로 다가갔습니다. 그리고 물살을 일으켜 물장군을 모두 쫓아 버렸습니다.

"메기야, 고마워."

물고기들은 진심으로 고맙다는 인사를 하였습니다.

•물장군: 몸의 길이는 4.8~6.5센티미터로 물에 사는 곤충 가운데 가장 크며, 회색빛을 띤 갈색이다.

1 낯선 물고기의 생김새로 알맞지 <u>않은</u> 것은 무엇인가요? (　　　)

① 험상궂게 생겼다.

② 다리가 여덟 개이다.

③ 입이 옆으로 길게 찢어져 있다.

④ 입 양쪽에는 긴 수염이 나 있다.

2 물고기들이 낯선 물고기를 슬금슬금 피한 까닭을 찾아 ○표 하세요.

❶ 험상궂게 생겨서　　　　　　　　　　　　　　　(　　　)

❷ 거친 말을 잘해서　　　　　　　　　　　　　　　(　　　)

인물 흉내 내기 흉내란 남이 하는 말이나 행동을 그대로 옮기는 짓을 말합니다. 인물의 목소리나 행동을 흉내 내면서 자연스럽게 인물의 모습을 상상할 수 있습니다.

3 붕어와 잉어가 ㉠과 같이 말할 때 어울리는 목소리와 몸짓을 보기 에서 찾아 기호를 쓰세요.

> 보기
> **가.** 반가운 목소리　　　　**나.** 아파하는 목소리
> **다.** 몸을 움찔대는 몸짓　　**라.** 꼬리를 살랑거리는 몸짓

❶ 어울리는 목소리: (　　　　　　　)

❷ 어울리는 몸짓: (　　　　　　　)

4 메기가 물장군을 쫓아 주었을 때 물고기들의 마음을 찾아 ○표 하세요.

고마운 마음   미안한 마음   그리운 마음

(   )   (   )   (   )

인물의 모습과
행동 상상하기 **5** 인물의 모습과 관련지어 이 글을 읽고 느낀 점을 바르게 말한 친구의 이름
을 쓰세요.

> **민정**: 나도 메기처럼 낯선 곳에 간 적이 있어.
>
> **지호**: 연못에서 사는 물고기의 종류를 알고 싶어.
>
> **빈우**: 메기는 모습이 험상궂지만 마음은 착한 물고기 같아.

(   )

오늘 독해는?

5문제 중   개를 맞혔어요!

5 Day

월   일

내 짝꿍 최영대

다음 글을 읽으며, 빈칸에 들어갈 알맞은 낱말을 찾아 쓰세요.

코맹맹이	울음	겸연쩍게

지아가 약속 시간에 늦었어요. 태민이는 지아를 만나자마자 화부터 냈어

요. 그런데 지아가 갑자기 [   ]을 터뜨렸어요. 태민이는 어리둥절하였

우는 일. 또는 그런 소리

어요. 지아는 병원에 다녀오느라 늦었다고 [   ] 소리로 말하였

코가 막혀서 소리를 제대로 내지 못하는 상태

어요. 태민이는 [   ] 미안하다고 사과하였어요.

쑥스럽거나 미안하여 어색하게

● 다음 글을 읽고, 물음에 답하세요.

방귀 소리가 뽕 하고 났어요. 아이들은 모두 그 소리를 듣고 말았어요. 선생님은 "누구야? 누가 잠 안 자고 방귀를 뀌는 거야?" 하고 호통을 치셨어요. 어두운 방 여기저기서 아이들이 킥킥거렸어요. 그런데 누가 "굼벵이 바보가요! 저 바보가요." 하고 대답하는 거예요. 어떤 애는 코를 싸매고는 "아휴, 방귀 냄새! 굼벵이 방귀 냄새는 역시 달라." 하고 코맹맹이 소리를 냈어요.

그러자 선생님이 쿡쿡 웃으며 물으셨어요. "누구? 굼벵이?" 그랬더니 정말 굼벵이 같은 반장이 영대를 가리키며 "이 애요. 엄마 없는 바보 말이에요." 하고 소리쳤어요. 그 순간 어둠 속에서 "으앙!" 하고 울음소리가 터져 나왔어요. 영대가 울음을 터뜨린 거예요.

아이들은 깜짝 놀랐어요. 영대가 울 수 있다는 걸 몰랐거든요. 영대는 한 번도 운 적이 없었어요. 그 울음소리가 너무나 슬프고 괴로운 것이어서 더욱 놀랐어요. 울고 있는 영대의 모습이 어두운 방 한 구석에서 떠올랐어요. 모두들 영대를 볼 수 있었어요. 양 무릎 사이에 얼굴을 처박고 어깨를 출렁이며 울고 있었어요.

선생님도 당황하셨는지 잠자코 계셨어요. 우리도 마찬가지였어요. 잠시 후 나는 영대에게 기어가 "미안해. 그만 울어." 하고 달랬어요. (중간 줄임)

우리들은 퉁퉁 부은 눈을 비비며 아침을 먹는 둥 마는 둥 하고는 버스에 올라탔어요. 간밤에 있었던 일로 아이들은 이상할 만큼 점잖아졌어요. 영대도 점잖았어요.

영대는 전날처럼 버스 맨 앞에 앉았어요. 그런데 반장이, 영대에게 엄마도 없는 바보라고 놀렸던 반장이, 슬그머니 앞으로 나와 영대 옆에 앉는 거예요. 그러고는 영대 손에 무언가 건네주려고 했어요. 영대가 안 받으려고 하자 반장은 겸연쩍게 웃으며 영대 가슴에 무얼 꽂아 주는 거예요. 전날 국립경주박물관에서 산 기념 배지였어요.

1 영대가 울음을 터뜨린 까닭은 무엇인가요? (   )

① 혼자 자는 것이 무서워서

② 방귀 뀐 것을 아이들이 몰라주어서

③ 선생님이 잠 안 잔다고 야단치셔서

④ 엄마 없는 바보라는 말이 서럽게 느껴져서

인물의 모습과
행동 상상하기 **2** 영대가 우는 모습으로 알맞지 <u>않은</u> 것의 기호를 쓰세요.

> **가.** 울음소리가 너무나 슬프고 괴로웠다.
>
> **나.** 소리 없이 눈물만 흘리며 이상할 만큼 점잖았다.
>
> **다.** 양 무릎 사이에 얼굴을 처박고 어깨를 출렁였다.

(   )

3 다음날 버스에서 일어난 일은 무엇인가요? (   )

① 영대가 울음을 터뜨렸다.

② 방귀 소리가 뿡 하고 났다.

③ 반장이 영대를 굼벵이라고 놀렸다.

④ 반장이 영대 가슴에 배지를 꽂아 주었다.

인물의 모습과
행동 상상하기

4 반장의 모습이 어떻게 달라졌는지 알맞은 것을 찾아 ○표 하세요.

① 처음에는 영대를 놀리고 장난스러운 모습이었는데 나중에는 미안해하는 모습으로 바뀌었다.　　　　　（　　）

② 처음에는 영대를 배려하고 챙겨 주는 모습이었는데 나중에는 자기밖에 모르는 모습으로 바뀌었다.　　（　　）

5 반장이 영대에게 배지를 달아 주며 하고 싶은 말은 무엇이었을지 알맞은 것을 찾아 기호를 쓰세요.

> 가. 경주에 또 놀러 오렴.
> 나. 앞으로는 친하게 지내자.
> 다. 다음엔 네가 먼저 양보하면 좋겠어.

（　　　　）

오늘 독해는?

5문제 중　　　개를 맞혔어요!

마무리

독해 원리 학습

인물의 모습을
상상하는 방법

인물의 모습을 나타내는 표현 찾기

인물의 말, 행동, 생김새 등을 나타내는
표현을 찾는다.

인물의 모습 상상하기

그 표현을 찬찬히 생각하며 인물의 모
습을 상상한다.

인물의 모습이나 행동을 상상하면서
인물을 더욱 깊이 있게 이해할 수 있습니다.

삼대의 죽음을 보고 ⓐ적진이 대경 황망하여 일시에 도망하거늘 원수
와 강장이 본진에 돌아와 승전고를 울리니 여러 장수와 군졸이 치하하

인물에 대한 이해

－작자 미상, 「조웅전」

35. 윗글의 인물에 대한 이해로 가장 적절한 것은?

① '강백'은 의도적으로 '삼대'의 감정을 자극했다.
② '조웅'은 신의보
③ '삼대'는 자신
④ '부인'은 '조웅'이

수능에는 인물의 특성을 파악하거나 인물에 대해 잘 이해
하고 있는지 묻는 문제가 나와요!

⑤ '월경 대사'는 '조웅'의 정해진 운명이 드러나는 것을 두려워했다.

WEEK 4

설명하는 내용을 이해해요

내 친구의 신발을 찾아서

신발장에 여러 가지 신발이 놓여 있어요.
민수는 친구의 부탁으로 신발을 가지러 가서
친구가 써 준 쪽지를 확인하고 있어요.
민수는 친구의 신발을 잘 찾을 수 있을까요?

내 신발은 운동화야.
파란색인데 분홍색 꽃 그림이
수놓아 있어.
신발 끈이 없고 아주 가벼워.

쪽지에서 설명하는 대상인 신발은 운동화이고, 파란색인데 분홍색 꽃 그림이 수놓아 있으며, 신발 끈이 없고 아주 가볍다는 특징이 있어요. 이러한 **설명하는 내용을 정확하게 이해해야만** 친구가 설명한 신발을 잘 찾을 수 있어요.

자, 그럼 글에서 **설명하는 내용을 이해해** 볼까요?

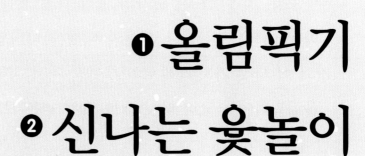

① 올림픽기
② 신나는 윷놀이

다음 글을 읽으며, 빈칸에 들어갈 알맞은 낱말을 찾아 쓰세요.

고리	승부	귀하고

옛날에는 장난감이 아주 [ ] 값이 비쌌어요. 그래서 집 주변에서
구하거나 얻기가 아주 힘들 만큼 드물고

흔히 볼 수 있는 나무 막대기가 아이들의 장난감이 되기도 하였어요. 땅바

닥에 나무 막대기를 세워 놓고 [ ]를 던지며 놀거나 짤막한 나무토막
줄, 끈 따위를 구부리고 양 끝을 맞붙여 둥글거나 모나게 만든 물건

을 긴 막대기로 쳐서 날아간 거리를 재며 [ ]를 내기도 하였답니다.
이김과 짐.

● 다음 글을 읽고, 물음에 답하세요.

올림픽기는 올림픽을 상징하는 깃발입니다. '오륜기'라고도 불리며, 흰 바탕에 파랑, 노랑, 검정, 초록, 빨강의 고리 다섯 개를 겹쳐 놓은 모양을 하고 있습니다.

다섯 개의 고리는 다섯 개의 대륙을 나타냅니다. 색깔은 여러 나라의 국기들이 거의 이 다섯 가지 색깔로 이루어진 데서 정하여진 것이라고 합니다.

올림픽기에서 고리 다섯 개를 겹쳐 놓은 모양은 다섯 대륙의 평화와 협력을 상징합니다.

설명하는 대상　설명하는 글에는 설명하려는 대상이 있습니다. 설명하는 글의 주요 내용을 확인하려면 가장 먼저 글이 무엇에 대하여 설명하고 있는지 찾아보아야 합니다.

설명하는 내용
이해하기

1 이 글의 내용을 바탕으로 하여 올림픽기를 찾아 ○표 하세요.

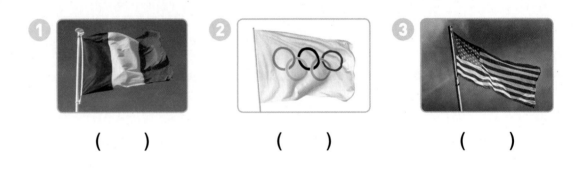

❶　　　　　　❷　　　　　　❸

(　)　　　　(　)　　　　(　)

2 올림픽기에서 고리 다섯 개를 겹쳐 놓은 모양은 무엇을 상징하는지 빈칸에 알맞게 쓰세요.

다섯 대륙의 평화와 ☐☐

윷놀이는 편을 갈라 윷으로 승부를 겨루는 놀이입니다. 윷이 뒤집히는 모양에 따라 윷말이 다르게 움직입니다. 윷이 한 개가 뒤집히면 '도'로 한 칸, 두 개가 뒤집히면 '개'로 두 칸, 세 개가 뒤집히면 '걸'로 세 칸을 움직일 수 있습니다. 그리고 네 개가 다 뒤집히면 '윷'으로 네 칸을 움직일 수 있고, 네 개가 다 엎어진 것은 '모'로 다섯 칸을 움직일 수 있습니다. 윷말을 가장 많이 움직일 수 있는 것은 '모'인데, 왜 모놀이가 아니라 윷놀이라고 부를까요?

윷놀이에서 도는 돼지, 개는 개, 걸은 양, 윷은 소, 모는 말을 상징합니다. 우리나라는 일찍부터 농사를 지으며 살아왔기 때문에 말보다 소가 더 귀하고 중요하였습니다. 그래서 처음에는 윷놀이를 할 때에도 소를 상징하는 '윷'을 하면 윷말을 가장 많이 움직일 수 있었습니다. 그에 비해 말을 상징하는 '모'를 하면 윷말을 한 칸도 움직일 수 없었습니다.

그러다 우리나라에 토종말보다 훨씬 크고 빨리 달리는 말이 들어오게 되었습니다. 그러자 사람들은 윷놀이를 할 때마다 이상하게 생각하였습니다.

"저렇게 빨리 달리는 말이 윷판에서는 왜 소보다 적게 움직일까?"

그리하여 '모'를 하면 윷말을 다섯 칸 움직일 수 있도록 놀이 방법이 바뀌게 된 것입니다.

3 윷이 뒤집힌 모양에 알맞은 말을 빈칸에 쓰세요.

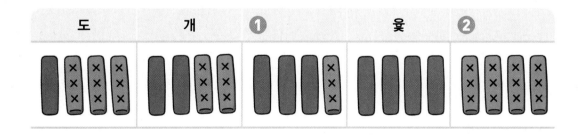

4 **윷놀이에 대한 설명으로 알맞지 <u>않은</u> 것은 무엇인가요? (　　　)**

① 도를 하면 윷말이 한 칸 움직인다.

② 개를 하면 윷말이 두 칸 움직인다.

③ 걸을 하면 윷말이 세 칸 움직인다.

④ 윷을 하면 윷말이 한 칸도 움직이지 못한다.

설명하는 내용
이해하기

5 **이 글을 통해 알 수 있는 점을 찾아 기호를 쓰세요.**

> **가.** 윷놀이가 시작된 때
> **나.** 윷놀이를 하면 좋은 점
> **다.** 윷놀이라고 부르는 까닭

(　　　　　)

오늘 독해는?

5문제 중　　　개를 맞혔어요!

사라진 직업 '보부상'

다음 글을 읽으며, 빈칸에 들어갈 알맞은 낱말을 찾아 쓰세요.

| 각지 | 누비던 | 이동 |

삼촌은 자전거를 타고 여행하며 세계 ☐☐를 돌아다녔어요. 한 나라
각 지방. 또는 여러 곳

에서 다른 나라로 ☐☐할 때마다 전자 우편을 보내 소식을 전하였어
움직여 옮김. 또는 움직여 자리를 바꿈.

요. 지금은 시골집에서 각 나라에 대해 소개하는 책을 쓰고 있어요. 삼촌과

함께 곳곳을 ☐☐☐ 자전거도 시골집 마당에서 쉬고 있답니다.
이리저리 거리낌 없이 다니던

● 다음 글을 읽고, 물음에 답하세요.

사라진 직업 '보부상'

보부상은 전국 각지를 돌아다니며 장사를 하던 상인입니다. 파는 물건에 따라 보상과 부상으로 나뉘었습니다.

보상은 약, 종이, 장신구처럼 부피가 작거나 가볍지만 비교적 값비싼 물건을 팔았습니다. 물건들을 보자기에 싸들고 다니거나 질빵*에 매고 다녔기 때문에 이들을 봇짐장수라고도 불렀습니다.

부상은 생선, 소금, 그릇처럼 부피가 크거나 무겁지만 비교적 값싼 물건을 팔았습니다. 물건들을 지게에 지고 다녔기 때문에 이들을 등짐장수라고도 불렀습니다.

보부상은 보상과 부상, 즉 봇짐장수와 등짐장수를 합쳐서 부르는 말입니다. 봇짐이나 등짐을 지고 전국을 누비던 보부상은 각 지역에서 물건을 구입한 다음에 집집마다 찾아다니며 물건을 팔기도 하였고 시장이 열리는 곳을 따라 이동하며 물건을 팔기도 하였습니다.

교통이 발달하고 곳곳에서 편리하게 물건을 살 수 있게 되면서 오늘날에는 보부상을 더 이상 만날 수 없게 되었습니다.

• 질빵: 짐 따위를 질 수 있도록 어떤 물건 따위에 연결한 줄.

글의 제목 설명하는 글의 제목은 설명하려는 대상이나 글의 주요 내용을 짐작하게 해 줍니다. 설명하는 대상을 제목으로 정하거나 제목이 글 전체의 내용을 대표하는 경우가 많기 때문입니다.

설명하는 내용
이해하기

1 이 글의 제목만으로 알 수 있는 내용은 무엇인가요? (   )

① 보부상은 사라진 직업이다.

② 보상과 부상은 서로 다른 직업이다.

③ 옛날에는 신분에 따라 직업이 달랐다.

④ 옛날보다 오늘날의 직업 종류가 더 많다.

2 이 글을 읽고 관계있는 것끼리 선으로 이으세요.

❶   보상   •

❷   부상   •

• ㉮ 물건을 지게에 지고 다녔기 때문에 등짐장수라고 불렀다.

• ㉯ 물건을 보자기에 싸들고 다녔기 때문에 봇짐장수라고 불렀다.

3 보부상의 뜻은 무엇인지 빈칸에 알맞게 쓰세요.

| | | | | 와 등짐장수를 합쳐서 부르는 말 |

4 **이 글을 읽고 보부상에 대해 알 수 있는 점을 찾아 ○표 하세요.**

❶ 옛날에 보부상이 하던 일   (   )

❷ 오늘날에 보부상이 많아진 까닭   (   )

5 **이 글을 통해 보부상에 대해 바르게 이해한 친구의 이름을 쓰세요.**

> **병태** : 소금이 필요한 사람은 봇짐장수를 불렀겠어.
>
> **유리** : 장신구가 필요한 사람은 등짐장수를 불렀겠어.
>
> **상문** : 봇짐장수는 물건을 보자기에 싸들고 등짐장수는 물건을 지게에 지고 다녔겠어.

(   )

5문제 중   개를 맞혔어요!

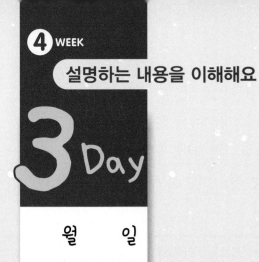

4 WEEK

설명하는 내용을 이해해요

3 Day

월   일

가공식품을 제대로 알자

다음 글을 읽으며, 빈칸에 들어갈 알맞은 낱말을 찾아 쓰세요.

가공	결핍	조리

아프리카에는 영양 ☐☐ 으로 병에 걸리는 아이들이 많아요. 그래서
<small>있어야 할 것이 없어지거나 모자람.</small>

아동 보호 단체에서는 이런 병을 낫게 하는 데 도움을 주는 식품을 만들었

어요. 이 식품은 땅콩, 설탕, 분유 가루, 비타민 등을 ☐☐ 하여 죽처럼
<small>원자재나 반제품을 인공적으로 처리하여 새로운 제품을 만들거나 제품의 질을 높임.</small>

만든 것으로, ☐☐ 가 필요 없어 바로 먹을 수 있답니다.
<small>요리를 만듦. 또는 그 방법이나 과정</small>

● 다음 글을 읽고, 물음에 답하세요.

 가공식품이란 원료를 가공하여 만든 식품을 말합니다. 과자나 사탕은 물론 아이스크림, 청량음료, 라면, 햄이나 소시지 등이 가공식품입니다. 이런 식품들은 공장에서 만들어진다는 공통점이 있습니다.

 가공식품에는 인공 조미료, 색소, 향료 같은 여러 가지 첨가물이 들어 있습니다. 식품의 맛을 내고 오래 보관하기 위해서 이런 첨가물을 넣습니다.

 가공식품을 섭취하면 우리 몸이 첨가물을 걸러 내기 위해 영양소를 많이 씁니다. 이것을 보충해 주지 않으면 영양의 균형이 깨지고 면역력이 약해져 몸에 해롭습니다. 또 가공식품이 주의력 결핍의 원인이 되기도 한다는 연구 결과도 있습니다.

 어느 유명한 건강 전문가는 말하였습니다.

 "라면은 20세기에 식품 업계가 만든 최고의 발명품이다."

 그리고 이런 말을 덧붙였습니다.

 ㉠"그러나 21세기에는 반드시 사라져야 할 식품이다."

 여러 가지 첨가물이 들어가는 가공식품인 라면이 몸에 해로울 수 있다는 것을 알려 주는 말입니다.

 그럼 몸에 해로운 가공식품을 사람들이 왜 즐겨 먹을까요?

 가공식품은 오래 보존할 수 있고 손쉽게 조리해 먹을 수 있습니다. 컵라면이나 분말 수프 같은 인스턴트식품, 햄버거나 프라이드치킨 같은 패스트푸드 등이 보존과 조리가 편리한 가공식품입니다.

1 이 글의 제목은 무엇일지 빈칸에 알맞게 쓰세요.

을 제대로 알자

✍ **설명하려는 까닭** 설명하는 글의 목적은 정보를 전달하는 것입니다. 설명하려는 까닭을 생각하며 읽으면 글의 주요 내용을 확인하기 쉽습니다.

설명하는 내용
이해하기

2 글쓴이가 가공식품에 대해 설명하려는 까닭은 무엇일까요? (   )

① 가공식품의 종류를 알려 주려고

② 가공식품의 문제점을 알려 주려고

③ 가공식품이 생겨난 까닭을 알려 주려고

④ 가공식품을 맛있게 먹는 법을 알려 주려고

3 가공식품의 좋은 점과 나쁜 점을 알맞게 선으로 이으세요.

❶ 오래 보존할 수 있고 손쉽게 조리해 먹을 수 있다.   •   • ㉮ 좋은 점

❷ 우리 몸에 해롭고 주의력 결 핍의 원인이 되기도 한다.   •   • ㉯ 나쁜 점

㉠의 말이 알려 주는 내용을 찾아 기호를 쓰세요.

> **가.** 라면은 잘 만들어진 식품이다.
>
> **나.** 라면은 몸에 해로울 수 있는 식품이다.
>
> **다.** 라면은 미래에는 만들 수 없는 식품이다.

(   )

5 글쓴이는 사람들이 왜 가공식품을 즐겨 먹는다고 하였는지 알맞은 것을 찾아 ○표 하세요.

❶ 건강에 도움이 되어서 (   )

❷ 보존과 조리가 편리해서 (   )

오늘 독해는?

5문제 중   개를 맞혔어요!

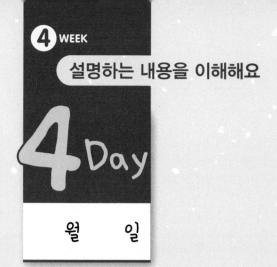

김치 전쟁

다음 글을 읽으며, 빈칸에 들어갈 알맞은 낱말을 찾아 쓰세요.

으뜸	원조	표기

짜장면의 [   ]는 중국이에요. 짜장면은 고기와 채소를 넣어 볶은 중
<small>어떤 사물이나 물건의 최초 시작으로 인정되는 사물이나 물건</small>

국 된장에 국수를 비벼 먹는 요리예요. '자장면'이라고도 [   ]해요. 짜
<small>문자 또는 음성 기호로 언어를 표시함.</small>

장면은 집에서 만들어 먹기도 하지만 배달시켜 먹을 때가 많아요. 배가 고

플 때 집으로 배달시켜 먹는 짜장면의 맛은 [   ]이랍니다.
<small>많은 것 가운데 가장 뛰어난 것. 또는 첫째가는 것</small>

● 다음 글을 읽고, 물음에 답하세요.

　나라마다 고유한 식품 문화가 있지만, 채소를 저장하는 방법에 있어서는 우리나라의 김치가 세계의 으뜸입니다. 왜냐하면 김치는 싱싱한 채소를 오래 보관할 수 있고 맛과 영양을 고루 갖춘 음식이기 때문입니다.

　김치는 우리의 식생활에서 가장 중요한 반찬입니다. 예전에는 채소류가 잘 나지 않는 겨울철에 많이 담근 저장 식품이었지만 지금은 냉장고 같은 가전제품이 널리 사용되면서 일 년 내내 먹을 수 있는 식품입니다.

　김치는 1988년 서울 올림픽을 계기로 세계적으로도 널리 알려지게 되었습니다. 이웃 나라인 일본에서도 김치의 인기는 높은 편입니다.

　일본에서는 김치를 '기무치'라고 부릅니다. 그런데 김치와 기무치는 조금 다릅니다. 김치는 고춧가루와 젓갈을 사용해서 색깔이 붉으면서도 매운 맛이 있지만, 기무치는 간장과 된장을 주로 사용하기 때문에 색깔이 하얗거나 검으며 약간 짠 맛이 납니다.

　일본은 김치를 일본에서 처음으로 만들었다고 주장하였습니다. 일본의 대표적인 절임 식품인 '츠케모노'가 일종의 김치이기 때문에 김치의 원조는 일본에 있다는 것입니다. 하지만 국제 식품 규격 위원회는 김치의 국제적 표기를 '김치'로 결정하고, 2001년부터 일본이 김치를 수출할 때도 '김치'라는 이름을 사용하도록 하였습니다.

　일본은 ㉠기무치인 '아사즈케'가 국제 식품 규격에 포함되어야 한다고 주장하기도 했습니다. 이에 대해 한국은 젓갈을 넣지 않고 발효시켜 만든 아사즈케를 김치로 인정해서는 안 된다고 주장하였고, 결국 한국의 승리로 끝이 났습니다.

1 설명하는 내용 이해하기

이 글의 김치에 대한 내용으로 알맞은 것은 무엇인가요? (   )

① 고기를 저장하는 방법이다.

② 우리의 식생활에서 중요한 반찬이다.

③ 맛은 좋지만 영양이 거의 없는 식품이다.

④ 예전에는 여름철에 많이 담근 저장 식품이었다.

> **대상의 특징** 설명하는 글에는 대상의 특징이 자세히 드러나 있습니다. 설명하는 대상의 특징을 찾으려면 색깔과 모양, 쓰임, 크기 등이 드러난 부분에 주의하며 읽어야 합니다.

2 설명하는 내용 이해하기

'김치'와 '기무치'의 특징으로 알맞지 않은 것의 기호를 쓰세요.

	김치	기무치
맛	㉮ 매운 맛이 있다.	㉯ 약간 짠 맛이 난다.
색깔	붉은 경우가 많다.	㉰ 하얗거나 검다.
양념	고춧가루와 젓갈을 사용한다.	㉱ 고춧가루만 사용한다.

(   )

3

국제 식품 규격 위원회가 결정한 김치의 국제적 표기를 찾아 ○표 하세요.

김치	기무치	아사즈케
( )	( )	( )

4 ㉠에 대한 우리나라의 의견은 무엇인지 알맞은 것을 찾아 ○표 하세요.

① 고춧가루를 넣고 발효시켰기 때문에 아사즈케는 김치이 다.   (   )

② 젓갈을 넣지 않고 발효시켰기 때문에 아사즈케는 김치가 아니다.   (   )

설명하는 내용
이해하기

5 이 글을 읽고 알게 된 내용을 바르게 말한 친구의 이름을 쓰세요.

> 채훈: 일본 기무치가 김치의 원조라는 사실을 알게 되었어.
>
> 유빈: 김치는 맛과 영양을 고루 갖춘 음식이라는 것을 알게 되었어.

(   )

오늘 독해는?

5문제 중   개를 맞혔어요!

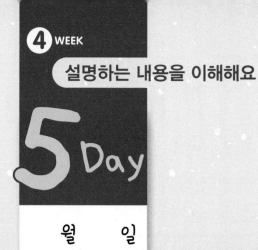

가상 현실의 세계

다음 글을 읽으며, 빈칸에 들어갈 알맞은 낱말을 찾아 쓰세요.

벽화	상상	실제

 신라 시대의 화가 솔거는 황룡사 벽에 소나무 그림을 그렸대요. 그런데

그림을 얼마나 잘 그렸는지 ☐☐ 속의 소나무가 ☐☐ 나무인 줄 알
<small>건물이나 동굴, 무덤 따위의 벽에 그린 그림</small>　　　　　<small>사실의 경우나 형편</small>

고 새들이 날아와 앉으려고 했다는 이야기가 전해져요. 새들이 날아와 앉

으려다가 벽에 부딪쳐 놀라는 모습은 ☐☐ 만으로도 재미있어요.
<small>실제로 경험하지 않은 현상이나 사물에 대하여 마음속으로 그려 봄.</small>

● 다음 글을 읽고, 물음에 답하세요.

　선사 시대의 동굴 벽화에서 알 수 있듯이, 사람은 때때로 새로운 세계를 꿈꿉니다. 이러한 꿈은 오늘날 머리와 손에 특별한 장치를 하면 상상의 장소에 있는 것 같이 느낄 수 있는 가상 현실 기술을 만들어 냈습니다.

　가상 현실은 현실이 아닌데도 실제처럼 생각하고 보이게 하는 현실을 말합니다. 가상 현실에서는 사용자가 보고 듣고 느끼고 움직이는 것뿐만 아니라 맛보고 냄새 맡는 것까지 컴퓨터로 조절되면서 사용자는 가상 현실 세계를 실제처럼 경험하게 됩니다.

　가상 현실 기술을 통해 역사가는 역사 속의 전쟁을 눈으로 볼 수 있고, 우주 과학자는 행성을 걸어 다니며 연구할 수 있습니다. 외과 의사는 가상 수술실에서 어려운 수술을 연습할 수 있고, 전투기 조종사는 날씨가 좋지 않은 날에도 가상 전투기를 타고 훈련을 할 수 있습니다.

　거미를 몹시 두려워하는 사람을 치료하기 위해 가상 거미가 이미 사용되고 있습니다. 거미 공포증을 가진 사람들이 가상 현실 장치를 하면 점점 커지는 가상 거미를 눈앞에서 보는 방법으로 거미에 대한 두려움을 이겨 낼 수 있도록 돕습니다.

　㉠가상 현실 기술은 학습 방법도 발전시킬 것입니다. 학생들은 가상 현실 기술로 다른 나라에 가서 그 나라의 말이나 역사를 배울 수 있습니다. 또, 가상 박물관에서 세계의 유명 미술 작품을 감상할 수 있고, 가상 오페라 공연장에서 오페라를 관람할 수 있습니다.

　가상 현실 기술을 통해 외딴 곳에 사는 학생도 도시에 사는 학생과 똑같은 교육을 받을 수 있게 되는 것입니다.

설명하는 내용
이해하기

1 이 글의 가상 현실에 대한 내용으로 알맞지 <u>않은</u> 것은 무엇인가요?

( )

① 컴퓨터로 조절된다.

② 우주에서만 경험할 수 있다.

③ 실제처럼 생각하고 보이게 한다.

④ 특별한 장치를 해야 경험할 수 있다.

2 가상 현실 기술을 이용한 사람이 <u>아닌</u> 것의 기호를 쓰세요.

> **가.** 가상 전투기를 타고 훈련한 조종사
> **나.** 동굴 벽화를 그린 선사 시대의 사람
> **다.** 가상 수술실에서 수술을 연습한 외과 의사

( )

3 이 글에서 가상 현실 기술로 거미 공포증을 치료할 때 사용되는 것을 찾아 ○표 하세요.

가상 거미	가상 전투기	가상 박물관
( )	( )	( )

설명하는 내용
이해하기

4 ㉠의 문단에서 가장 중요한 문장을 찾아 ○표 하세요.

❶ 가상 현실 기술은 학습 방법도 발전시킬 것입니다.　　　　　(　　)

❷ 학생들은 가상 현실 기술로 다른 나라에 가서 그 나라의
　말이나 역사를 배울 수 있습니다.　　　　　　　　　　　(　　)

❸ 또, 가상 박물관에서 세계의 유명 미술 작품을 감상할 수 있
　고, 가상 오페라 공연장에서 오페라를 관람할 수 있습니다.　(　　)

5 가상 현실 기술로 교육하면 좋은 점을 말한 친구의 이름을 쓰세요.

태진: 컴퓨터 시설이 많은 도시에서만 좋은 교육을 받게 돼.
승유: 외딴 곳에 사는 학생도 도시에 사는 학생과 똑같은 교육을
　　　받을 수 있어.

(　　　　　)

오늘 독해는?

5문제 중　　　개를 맞혔어요!

마무리

독해 원리 학습

설명하는 내용을 이해하는 방법

1 제목을 보고 짐작하기

제목을 보고 어떤 내용인지 짐작한다.

2 대상의 특징 찾기

설명하려는 대상과 그 특징을 찾는다.

3 대상을 설명하는 까닭 생각하기

대상을 설명하는 까닭을 생각해 보아 글에서 중요한 내용과 덜 중요한 내용을 구분한다.

설명하는 내용을 잘 이해하면 글에 드러나는 정보를 알 수 있습니다.

있다. 이는 지금까지 연금 기금을 일종의 신탁 기금으로 규정해 온 관련 법률을 개정하여, 보험료를 낼 소득자 집단을 ⓔ확충하는 데 이 막
대

윗글을 통해 알 수 있는 내용

39. 윗글을 통해 알 수 있는 내용으로 적절하지 않은 것은?

① 연금 제도의 목적을 달성하는 수단은 다양하다.

② 공적 연금 제도는 ~~~~ 은 아니다.

③ 공적 연금 제도는 ~~~~

④ 공공 부조가 낳는 도덕적 해이는 국민들의 납세 부담을 증가 시킨다.

수능에는 글에 나오는 사실을 확인하거나 주요 내용이 무엇인지 묻는 문제가 나와요!

WEEK 5 일이 일어난 차례를 살펴요

차례대로 말해 봐!

서진이가 친구에게 재미있는 이야기를 들려주고 있어요. 그런데 친구는 이야기가 잘 이해되지 않아 어리둥절한 표정을 짓고 있어요. 친구는 왜 서진이가 들려주는 이야기를 잘 이해하지 못했을까요?

서진이가 일어난 일을 차례대로 말하지 않아 친구는 이야기의 내용이 이상하다고 생각하였어요. '저녁, 오후, 아침' 등과 같은 **시간을 나타내는 말**에 차례가 드러나 있으므로 이러한 말에 주의하면 **사건을 일어난 순서대로** 정리할 수 있어요.

자, 그럼 이야기에서 **일이 일어난 차례**를 살펴볼까요?

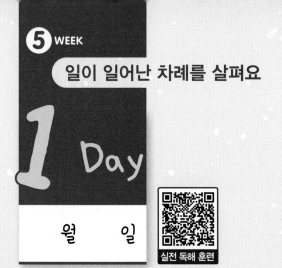

1 Day
월   일

실전 독해 훈련

❶ 흥부와 놀부
❷ 의좋은 형제

다음 글을 읽으며, 빈칸에 들어갈 알맞은 낱말을 찾아 쓰세요.

주렁주렁	볏단	식구

가을이 되었어요. 감나무에 감이 [　　　] 열렸어요. 할아버지가

열매 따위가 많이 달려 있는 모양

감을 따 주자 아이들은 신이 났어요. 논에서는 농부들이 벼를 베고 있었어

요. 논 한가운데에는 [　　] 이 수북이 쌓여 있어요. 가을에 익은 곡식을

벼를 베어 묶은 단

거두어들일 때에는 [　　] 모두 논에 나와 농사일을 돕는답니다.

한 집에서 함께 살면서 끼니를 같이하는 사람

● 다음 글을 읽고, 물음에 답하세요.

  옛날 옛날에 마음씨 착하고 가난한 흥부가 살고 있었습니다. 어느 여름날, 구렁이가 제비집을 덮치는 바람에 제비 한 마리가 마당에 떨어져 다리를 다쳤습니다. 흥부는 구렁이를 쫓아내고 제비 다리를 정성껏 치료해 주었습니다. 제비는 다리가 낫자 힘차게 날아올랐습니다.

  이듬해 봄, 제비가 박씨 하나를 물어와 흥부네 집 마당에 떨어뜨렸습니다. 흥부는 박씨를 마당에 심었습니다. 그해 가을, 흥부네 지붕에는 커다란 박이 주렁주렁 열렸습니다. 흥부네 가족이 박을 열 때마다 신기한 보물이 쏟아져 나왔습니다. 마침내 흥부네 가족은 부자가 되었습니다.

1 이듬해 봄에 어떤 일이 일어났나요? (   )

① 제비 한 마리가 마당에 떨어졌다.
② 흥부가 제비 다리를 치료해 주었다.
③ 제비가 박씨 하나를 마당에 떨어뜨렸다.
④ 흥부네 지붕에 커다란 박이 주렁주렁 열렸다.

> **시간을 나타내는 말** '아침, 어제, 토요일, 봄' 등과 같은 말을 가리켜 시간을 나타내는 말이라고 합니다. 이 글에는 주로 계절을 나타내는 말이 드러나 있습니다.

일이 일어난
차례 살피기

2 이 글에 나오는 시간을 나타내는 말이 <u>아닌</u> 것을 찾아 ○표 하세요.

봄	여름	가을	겨울
( )	( )	( )	( )

옛날 어느 마을에 사이좋은 형제가 살고 있었습니다. 형과 동생은 서로 도와주며 정답게 지냈습니다. 형제는 힘을 합쳐서 농사를 지었습니다.

가을이 되었습니다. 벼가 점점 익어 고개를 숙였습니다. 형제는 곡식을 거두어 똑같이 나누어 가졌습니다.

저녁 무렵, 형은 곳간에 쌓인 볏단을 가만히 바라보며 생각하였습니다.

'동생은 결혼해 새로 집안을 이루었으니까 쌀이 더 필요할 거야.'

형은 동생 집에 볏단을 가져다 놓기로 하였습니다.

깜깜한 밤에 형은 동생네 곳간으로 몰래 가서 볏단을 쌓아 두었습니다. 동생도 형님네 곳간으로 몰래 가서 볏단을 쌓아 두었습니다. 형님은 식구가 많으니 쌀이 더 필요하다고 생각하였기 때문입니다.

이튿날 아침, 형제는 곳간의 볏단을 보고는 깜짝 놀랐습니다. 지난밤에 분명히 볏단을 옮겨 놓았는데 곳간의 볏단이 줄지 않았기 때문입니다.

그날 밤, 형과 동생은 다시 볏단을 지고 서로의 집을 향해 걸었습니다. 그러다가 길에서 서로 마주친 형제는 깜짝 놀랐습니다. 그제야 볏단이 줄지 않은 이유를 알게 된 형과 동생은 서로를 끌어안고 활짝 웃었습니다.

▲ 볏단

일이 일어난
차례 살피기
3 **언제 일어난 일인지 알맞은 말을 찾아 선으로 이으세요.**

① 형과 동생은 곳간의 볏단을
보고는 깜짝 놀랐다.

② 형은 동생네 곳간으로 몰래
가서 볏단을 쌓아 두었다.

㉮ 깜깜한 밤

㉯ 이튿날 아침

4 형제가 곳간의 볏단을 보고 깜짝 놀란 까닭은 무엇인가요? (   )

① 곳간의 볏단이 줄어서
② 곳간의 볏단이 없어져서
③ 곳간의 볏단이 줄지 않아서
④ 곳간의 볏단이 썩어 버려서

중요한 사건 이야기에서 일어난 일을 순서대로 정리하려면 먼저 중요한 사건이 무엇인지 알아야 합니다. 이야기는 중요한 사건을 중심으로 일어난 일을 정리해야 하기 때문입니다.

일이 일어난
차례 살피기

5 이 글에서 일어난 중요한 사건을 바르게 말한 친구의 이름을 쓰세요.

> **유진**: 가을이 되자 형제는 곡식을 똑같이 나누어 가졌어.
> **민아**: 낮에 형님은 동생의 곳간으로 몰래 가서 볏단을 가져왔어.
> **장훈**: 밤에 동생도 형님의 곳간으로 몰래 가서 볏단을 가져왔어.
> **준서**: 이튿날 아침에 형제는 볏단을 지고 가다 길에서 마주쳤어.

(   )

오늘 독해는?

5문제 중   개를 맞혔어요!

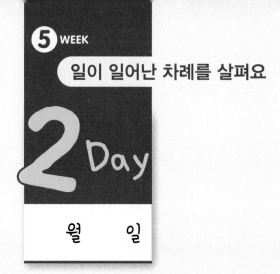

농부와 세 아들

다음 글을 읽으며, 빈칸에 들어갈 알맞은 낱말을 찾아 쓰세요.

보물	괭이	잡초

오늘은 텃밭에서 고구마를 캐는 날이에요. 아버지가 [   ]로 조심스럽

땅을 파거나 흙을 고르는 데 쓰는 농기구

게 땅을 팠어요. 고구마가 땅속에 줄줄이 열려 있었어요. 그동안 텃밭에 열

심히 물도 주고 [   ]도 뽑아 준 일이 생각났어요. 괭이질을 멈추자 어

가꾸지 않아도 저절로 나서 자라는 여러 가지 풀

머니가 [   ] 다루듯 고구마를 꺼내 올렸어요. 참 먹음직스러웠어요.

썩 드물고 귀한 가치가 있는 보배로운 물건

어느 마을에 부지런한 농부가 살았습니다. 그 농부는 세 아들을 두었습니다. 세 아들은 몹시 게을러서 일하기를 싫어하였습니다.

어느 날, 농부는 병이 났습니다. 농부는 세 아들을 불러 놓고 말하였습니다.

"내가 죽거든 너희는 포도밭을 파 보도록 해라. 내가 포도밭에 아주 귀한 보물을 묻어 두었다."

얼마 뒤에 농부는 세상을 떠나고 말았습니다. 세 아들은 아버지의 말씀대로 보물이 묻혀 있다는 포도밭으로 갔습니다.

세 아들은 삽과 괭이를 들고 포도밭을 파기 시작하였습니다. 빨리 보물을 찾아야겠다는 생각으로 포도밭 여기저기를 부지런히 팠습니다.

세 아들은 밭을 파헤치기가 싫어질 때마다 포도밭에 귀한 보물을 묻어 두었다는 아버지의 말씀을 떠올렸습니다. 그리고 보물을 찾으려고 포도밭을 어느 한 곳도 빠뜨리지 않고 열심히 파헤쳤습니다. 그러다 보니 포도밭에 있던 잡초도 없어지고 여기저기에 있던 돌멩이도 보이지 않게 되었습니다.

세 아들은 밭을 계속 파헤쳐 보았지만, 보물은 찾을 수가 없었습니다. 세 아들은 몹시 실망하였습니다.

그러나 그해 여름, 농부의 포도밭에는 다른 해보다 훨씬 탐스러운 포도가 주렁주렁 열렸습니다. 세 아들이 포도밭을 열심히 파헤친 덕분입니다.

세 아들은 탐스럽게 열린 포도송이를 바라보면서 싱글벙글 웃었습니다.

"아버지께서 말씀하신 보물은 바로 이 포도송이였구나. 우리가 열심히 포도밭을 파헤친 덕분에 이렇게 탐스러운 포도송이를 거두게 된 거야."

세 아들은 비로소 아버지께서 포도밭에 숨겨 두었다고 하신 보물이 무엇인지 깨닫게 되었습니다.

1 세 아들에 대한 설명으로 알맞은 것은 무엇인가요? (   )

① 몹시 부지런하다.

② 거짓말을 잘한다.

③ 일하기를 싫어한다.

④ 아버지를 믿지 못한다.

2 세 아들은 보물을 찾기 위해 어디로 갔는지 빈칸에 쓰세요.

보물이 묻혀 있다는 | | | |

일이 일어난
차례 살피기

3 그해 여름, 포도밭에 생긴 일을 찾아 기호를 쓰세요.

가. 포도송이마다 박힌 보석이 반짝반짝 빛났다.

나. 흙속에서 아버지가 묻어 두었던 금덩이를 찾았다.

다. 다른 해보다 훨씬 더 탐스러운 포도가 주렁주렁 열렸다.

(   )

일이 일어난
차례 살피기

4 **이 글에서 일이 일어난 차례대로 번호를 쓰세요.**

❶ 아버지가 돌아가셨다.   (   )

❷ 세 아들은 열심히 포도밭을 파헤쳤다.   (   )

❸ 탐스러운 포도송이가 주렁주렁 열렸다.   (   )

❹ 아버지가 포도밭에 보물을 묻어 두었다고 말하였다.   (   )

❺ 아무리 밭을 파헤쳐 보아도 보물을 찾을 수 없었다.   (   )

5 **아버지가 포도밭에 보물을 묻어 두었다고 말한 까닭을 찾아 ○표 하세요.**

❶ 게으른 세 아들을 혼내 주려고   (   )

❷ 게으른 세 아들이 부지런히 일하게 하려고   (   )

오늘 독해는?

5문제 중   개를 맞혔어요!

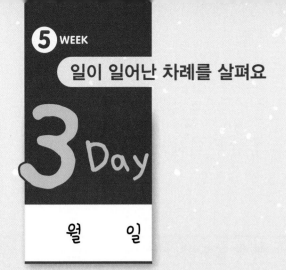

고물 버스
세계 여행

다음 글을 읽으며, 빈칸에 들어갈 알맞은 낱말을 찾아 쓰세요.

| 출발 | 운전 | 거대한 |

곰 아저씨는 자동차 ☐☐ 을 잘해요. 오늘은 코끼리 아줌마한테 자동

기계나 자동차 따위를 움직여 부림.

차 운전을 가르쳐 주기로 하였어요. 그런데 코끼리 아줌마의 ☐☐☐

엄청나게 큰

몸집이 자동차 안에 꽉 찼어요. 곰 아저씨도 자동차에 올라타야 운전을 가

르쳐 줄 수 있을 텐데……. 아무래도 자동차가 제때에 ☐☐ 하기는 힘

목적지를 향하여 나아감.

들겠어요.

● 다음 글을 읽고, 물음에 답하세요.

2001년 8월 30일, 마침내 우리 가족은 구름 버스와 함께 인천항에서 중국의 다롄 항으로 가는 배에 올랐어.

"와, 드디어 출발이다!"

여행 준비 때문에 많이 지쳐 있던 엄마와 아빠는 배가 물살을 가르며 바다로 나아가자 어린아이처럼 소리치며 기뻐했어. 여행의 출발을 기념하는 작은 포도주 파티도 벌였지.

다음 날 오후, 다롄 항에 도착하고 있다는 안내 방송이 나왔어. 나는 갑판 쪽으로 올라갔지. 저 멀리 도시가 보였어.

"아빠, 드디어 중국이에요. 와, 이제 살았다!"

멀미로 지독하게 고생한 나는 배에서 내릴 수 있다는 것만으로도 너무너무 신이 났어.

우리는 근사한 호텔에서 중국에서의 첫날 밤을 편안하게 보낸 후 버스를 타고 베이징을 향해 떠났어.

"가는 길에 만리장성을 보고 가요."

엄마가 말했어. 엄마는 내가 만리장성을 너무너무 보고 싶어 한다는 걸 알고 있었거든. 뮬란에 나왔던 만리장성을 내 눈으로 직접 본다고 생각하니 가슴이 쿵쾅거렸어.

"이구름, 저쪽에 보이는 것이 만리장성이야."

운전을 하던 아빠가 한 손으로 쭉 이어진 흙더미를 가리키며 말했어. 어마어마한 성벽을 상상하고 있던 나는 조금 실망스러웠어.

"만리장성은 아주 오랜 기간에 걸쳐 만들어진 성벽이야. 중국인들이 무려 2천 년 동안이나 쌓아 올린 거대한 성벽이지. 그러니 모두 똑같은 재료를 가지고 만들지는 못했을 거야. 지금 우리가 보는 것처럼 흙으로 쌓아 올린 곳도 있고, 돌로 쌓아 올린 웅장한 성벽도 있지. 조금 더 가면 나올 거야."

아빠가 차근차근 설명해 주었어.

1 일이 일어난 차례 살피기

구름이가 여행한 장소를 차례대로 빈칸에 쓰세요.

인천항 → 다롄 항 → [　][　][　][　]

2 **구름이가 다롄 항에 도착한 때를 알 수 있는 말에 ○표 하세요.**

2001년 8월 30일	다음 날 오후	근사한 호텔
(　　)	(　　)	(　　)

> **인물의 행동** 인물의 행동은 시간의 흐름이나 장소의 변화에 따라 달라지게 됩니다. 인물이 언제 어디에서 누구와 무슨 일을 하는지 살펴보면 먼저 한 일과 나중에 한 일을 알 수 있습니다.

3 일이 일어난 차례 살피기

이 글에서 인물의 행동을 순서대로 정리할 때, 가장 나중에 한 일은 무엇인가요? (　　)

① 작은 포도주 파티를 벌였다.
② 버스를 타고 베이징을 향해 떠났다.
③ 중국 다롄 항으로 가는 배에 올랐다.
④ 근사한 호텔에서 첫날 밤을 편안하게 보냈다.

4 구름이가 여행하면서 보거나 듣거나 느낀 것을 알맞게 선으로 이으세요.

❶ 쭉 이어진 흙더미 · · ㉮ 본 것

❷ 어마어마한 성벽을 상상하고 있던 나는 조금 실망스러웠어. · · ㉯ 들은 것

❸ 만리장성은 흙으로 쌓아 올린 것도 있고 돌로 쌓아 올린 웅장한 성벽도 있지. · · ㉰ 느낀 것

5 구름이가 만리장성을 보고 실망한 까닭을 찾아 기호를 쓰세요.

> ㉮. 만리장성이 잘 보이지 않아서
> ㉯. 만리장성이 생각만큼 웅장하지 않아서
> ㉰. 만리장성이 베이징에서 멀리 떨어져 있어서

(   )

오늘 독해는?

5문제 중   개를 맞혔어요!

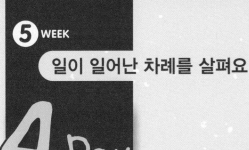

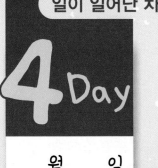

나와 오페라 극장

다음 글을 읽으며, 빈칸에 들어갈 알맞은 낱말을 찾아 쓰세요.

| 꼭대기 | 풍경 | 성문 |

숲 속을 헤매던 왕자는 공주가 갇힌 성을 찾아냈어요. 왕자는 ☐☐
성곽의 문

앞에서 말을 멈추고 공주의 이름을 불렀어요. 탑의 ☐☐☐ 에 갇혀
높이가 있는 사물의 맨 위쪽

있던 공주는 창 밖의 ☐☐ 을 바라보다가 왕자의 목소리를 들었어요.
산이나 들, 강, 바다 따위의 자연이나 지역의 모습

공주가 손을 흔들자 왕자는 공주를 구하였고 둘은 행복하게 살았답니다.

"오페라 극장에는 수백 명의 사람이 일하고 있단다."

할아버지가 알려 주셨습니다.

옆쪽으로는 크고 작은 연습실들이 붙어 있었어요. 발레 연습실은 무용수들로 붐볐습니다.

「잠자는 숲 속의 공주」를 연습하고 있었는데, 바로 다음 날 공연이 있다고 했어요. 그래서 우리는 잠깐 구경하다 나와야 했습니다.

"할아버지, 공연할 때 입는 옷은 어떻게 구해요?"

"옷은 무대 의상 담당자가 알아서 준비한단다. 그럼, 이제 무대 의상실로 가 볼까?"

무대 의상실에는 셀 수 없을 정도로 많은 옷이 걸려 있었어요.

"너덜너덜한 거지 옷에서부터 왕이 입는 번쩍번쩍한 옷까지 뭐든지 다 있단다."

할아버지가 말씀하셨습니다.

어제 그레텔이 입었던 옷도 말끔하게 다림질되어 걸려 있었어요.

"의상 디자이너가 새 옷을 짓기도 하고 배우의 몸에 맞게 옷을 고치기도 한단다."

극장의 맨 꼭대기 층에는 아주 크고 밝은 미술실이 있었어요. 사람들이 햇빛을 듬뿍 받으며 커다랗고 하얀 천 위에 긴 붓으로 시골 풍경을 그리고 있었습니다. 진짜처럼 보이는 나무와 성, 집, 계단도 모두 그림이었습니다. 그 가운데에서도 성문은 너무 진짜처럼 보여서 안으로 들어가고 싶은 생각이 들 정도였어요. 나는 참지 못하고 성문을 살짝 만져 보았는데, 정말 가벼운 천이었답니다.

미술실 바로 아래에는 소품실이 있었어요. 그곳에는 오페라 공연에 필요한 작은 물건들이 보관되어 있었습니다. 촛대, 그릇, 시계, 조화 같은 것들도 있었고, 다른 잡동사니들도 많았어요.

일이 일어난
차례 살피기

1 오페라 극장에서 '내'가 간 곳은 어디인지 차례대로 번호를 쓰세요.

소품실	미술실	발레 연습실	무대 의상실
( )	( )	( )	( )

2 '내'가 발레 연습실에서 잠깐 구경하다 나온 까닭을 찾아 기호를 쓰세요.

가. 집에 돌아갈 시간이 되어서
나. 다음에 구경할 장소로 빨리 가고 싶어서
다. 무용수들이 바로 다음 날 공연을 연습하고 있어서

( )

3 '내'가 다음과 같이 생각하거나 느낀 장소를 찾아 선으로 이으세요.

성문은 너무 진짜처럼 보여서 안으로 들어가고 싶은 생각이 들 정도였어요.

• 미술실

• 무대 의상실

4 오페라 극장에서 공연에 필요한 작은 물건들이 보관되어 있는 곳은 어디인가요? ( )

① 미술실   ② 소품실
③ 발레 연습실   ④ 무대 의상실

장소의 변화 장소의 변화에 따라서도 겪은 일을 차례대로 정리할 수 있습니다. 먼저 일이 일어난 장소를 순서대로 나열하고 각 장소에서 겪은 일을 정리하면 일이 일어난 차례가 드러납니다.

일이 일어난
차례 살피기

5 '내'가 겪은 일을 차례대로 정리하여 빈칸에 알맞게 쓰세요.

'나'는 할아버지와 함께 발레 연습실에서 ⬜⬜⬜ 들이 연습하는 것을 구경한 뒤에 무대 의상실로 가서 수많은 옷을 보았다. ⬜⬜⬜ 에서는 진짜처럼 보이는 무대그림들을 볼 수 있었고 소품실에서는 공연할 때 쓰이는 여러 가지 물건을 볼 수 있었다.

오늘 독해는?

5문제 중   개를 맞혔어요!

월계수로 가린 일장기

다음 글을 읽으며, 빈칸에 들어갈 알맞은 낱말을 찾아 쓰세요.

우승	단축	정상

민수는 어린이 수영 대회에 참가하였어요. 기록 ☐☐ 을 위해 그동안

시간이나 거리 따위가 짧게 줄어듦.

열심히 연습하였지요. 민수가 결승점에 도착하자마자 오늘의 기록이 공개

되었어요. 비록 대회에서 ☐☐ 은 못했지만 기록이 단축되어 기뻤어요.

경기, 경주 따위에서 이겨 첫째를 차지함.

민수는 ☐☐ 에 오르는 날까지 더 노력하겠다고 다짐하였어요.

그 이상 더없는 최고의 상태

1936년 베를린 올림픽 마라톤°에서 손기정 선수가 우승한 뒤 일장기를 가리고 시상대에 서 있는 모습을 찍은 사진이다. 이 사진 속의 손기정 선수는 월계수 화분을 가슴에 완전히 붙여 일장기가 보이지 않게 하고 있다.

손기정 선수는 1912년 평안북도 신의주에서 3남 1녀 중 막내로 태어났다. 집안 형편이 어려워서 중학교에 진학하지 못하였지만, 1931년 평안북도 대표로 전국 체육 대회에 나가 5000미터 달리기에서 2위를 하였고, 다음해에는 단축 마라톤에서 2위를 하였다. 뛰어난 달리기 실력을 인정받아 양정고등보통학교에 입학한 손기정 선수는 1933년부터 주요 마라톤 대회에서 우승을 차지하였다.

1935년에 손기정 선수는 2시간 26분 42초의 세계 기록을 세웠고, 1936년 5월에 벌어진 최종 선발전을 통해 남승룡 선수와 함께 올림픽에 대표 선수로 나가게 되었다. 손기정과 남승룡은 그해 베를린 올림픽 마라톤에서 나란히 금메달과 동메달을 따 내어 한국인의 힘을 세계에 알렸다.

나라를 빼앗겨 일본의 지배를 받던 시절, 손기정 선수는 당당히 세계 정상에 올랐고 이후 우리나라에서 최고의 스포츠 스타가 되었다. 그리고 지금까지도 사람들에게 존경받는 체육인 가운데 한 사람이다.

° 마라톤: 육상 경기에서 42.195킬로미터를 달리는 장거리 경주 종목.

1 사진 속 손기정 선수의 모습은 어떠한지 빈칸에 알맞게 쓰세요.

			화분으로 일장기를 가리고 시상대에 서 있는 모습

일이 일어난
차례 살피기

2 사진 속 사건이 일어난 때를 찾아 ○표 하세요.

1931년 전국 체육 대회	1932년 단축 마라톤 대회	1936년 베를린 올림픽
(　　)	(　　)	(　　)

> **인물의 삶** 인물의 삶을 몇 개의 주요 장면으로 나누어 각 장면의 내용을 문장으로 쓰고 장면에 알맞은 시간을 나타내는 말을 사용하면 인물의 삶을 차례대로 정리할 수 있습니다.

일이 일어난
차례 살피기

3 손기정 선수의 삶을 살펴보고 시간을 나타내는 말을 차례대로 쓰세요.

시간을 나타내는 말	일어난 일
1912년	➡ 평안북도 신의주에서 태어났다.
❶	➡ 전국 체육 대회에 나가 5000미터 달리기에서 2위를 하였다.
❷	➡ 2시간 26분 42초의 세계 기록을 세웠다.
1936년	➡ 베를린 올림픽 마라톤에서 금메달을 땄다.

4 **1936년 베를린 올림픽 마라톤에 대한 설명으로 알맞은 것은 무엇인가요?**

( )

① 남승룡 선수가 은메달을 땄다.

② 남승룡 선수가 세계 기록을 세웠다.

③ 손기정 선수는 시상대에 오르지 못하였다.

④ 손기정 선수와 남승룡 선수가 대표로 나갔다.

일이 일어난
차례 살피기 **5** **손기정 선수 이야기를 들려줄 때 시간을 나타내는 말을 사용한 친구의 이름을 쓰세요.**

> **태영**: 우리나라 최고의 스포츠 스타야.
>
> **서진**: 1936년에 올림픽에서 금메달을 땄어.
>
> **다훈**: 존경받는 체육인 가운데 한 사람이야.

( )

오늘 독해는?

5문제 중 　　개를 맞혔어요!

마무리

독해 원리 학습

일이 일어난 차례를
살펴요

1 시간을 나타내는 말 찾기

언제 그 일이 일어났는지 알려 주는 말을 찾는다.

2 중요한 사건 찾기

차례를 알 수 있는 중요한 사건이나 인물의 행동을 찾는다.

3 사건을 일어난 순서대로 정리하기

먼저 일어난 일과 그다음에 일어난 일을 생각하여 사건을 일어난 순서대로 정리한다.

일이 일어난 차례를 살피면서 읽으면
이야기의 내용을 더 잘 이해할 수 있습니다.

리듯 하는 사람들, 다 내 눈엔 괴이한 사람들루밖엔 뵈지 않드라.”

“……”

일어난 순서대로 정리

「돌다리」

13. 위 글의 사건을 일어난 순서대로 정리할 때, 다음 중 가장 뒤에
올 것은?

① ‘창섭’이 ‘아버지’에게 계획을 말하다.
② ‘아버지’가 다시
③ ‘장정’들이 다
④ ‘어머니’가 ‘창섭
⑤ ‘아버지’가 점심상을 받다.

수능에는 이야기에서 벌어지는 사건을 일어난 순서대로 정리하거나 이야기의 흐름을 이해하는 내용이 나와요!

수능까지 연결되는 초등 독해

WEEK **6** 글의 중심 생각을
찾아요

제목만 보아도 알아요

선생님께서 알림판에 글을 써서 붙이셨어요. 친구들은 무슨 내용인지 궁금해서 알림판 앞에 섰어요. 그런데 지우는 벌써 글의 중심 생각을 파악한 모양이에요. 지우는 글의 중심 생각을 어떻게 찾았을까요?

알림판에 붙은 글의 중심 생각은 제목에 나타나 있어요. 중심 생각이란 **글쓴이가 글을 통해 전하려고 하는 생각**을 말해요. 글을 읽을 때 중심 생각을 알면 중요한 내용이 무엇인지 알 수 있고 비판적으로 생각하는 능력을 기를 수 있어요.

자, 그럼 글에서 **중심 생각**을 찾아볼까요?

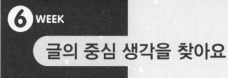

1 Day

월   일

실전 독해 훈련

아이들에게 놀이를 돌려주자

다음 글을 읽으며, 빈칸에 들어갈 알맞은 낱말을 찾아 쓰세요.

역할	영향	회복

나무는 우리 생활에 많은 ☐☐을 끼쳐요. 산에 많은 나무는 홍수나

어떤 사물의 효과나 작용이 다른 것에 미치는 일

가뭄을 막아 주는 ☐☐을 해요. 또 나무는 공기를 맑게 해 주어요. 나

자기가 마땅히 하여야 할 맡은 바 직책이나 임무

무가 많은 곳에서 생활하면 아픈 사람이 건강을 ☐☐하기도 해요. 그

원래의 상태로 돌이키거나 원래의 상태를 되찾음.

러므로 우리는 나무를 많이 심고 잘 가꾸어야 해요.

● 다음 글을 읽고, 물음에 답하세요.

오늘날 아이들에게서 놀이가 사라지고 있습니다. 부모님은 "놀지 말고 공부하여라."는 말로 아이가 놀이를 하는 것을 나쁘게 여기는 태도를 드러냅니다. 또 아이는 친구와 어울려 놀이를 하는 대신 혼자서 컴퓨터나 스마트 폰으로 게임하는 것을 즐깁니다.

아이들에게 놀이는 꼭 필요한 활동입니다. 아이들은 놀이를 통해 많은 것을 배우기 때문입니다. 철학자 아리스토텔레스는 ㉠"어린이에게 최상의 교육은 놀이다."라고 말하였습니다. 그만큼 아이들에게 놀이는 중요합니다.

놀이는 아이들의 성장 과정에서 중요한 역할을 합니다. 아이들은 놀이를 반복하면서 어떤 일을 하는 방법이나 과정을 스스로 익힙니다. 상상 놀이와 역할 놀이를 통해 창의력과 상상력을 키우고 친구들과 관계를 만들면서 인성과 사회성을 기르게 됩니다.

놀이는 두뇌 발달에도 좋은 영향을 끼칩니다. 오랜 시간 동안 일을 하거나 공부를 하는 것은 뇌의 기능을 점점 떨어뜨리지만 놀이는 뇌의 기능을 유지시키고 나아가 회복시켜 주기도 한다는 연구 결과가 있습니다. 아이들이 방과 후에 놀고 싶어 하는 것은 자기도 모르게 뇌의 기능을 유지하고 회복시키기 위해서 하는 행동일지도 모릅니다.

아이들에게 놀이를 돌려주어야 합니다. 방과 후에 학원에 가서 많은 시간을 보내는 아이들에게 놀이는 할 시간도 없고 할 장소도 없는 어려운 일이 되어 버렸습니다. 학교에서 놀이 시간을 늘려도 좋고, 방과 후에 아이들이 놀 수 있는 시간과 장소를 마련해 주어도 좋습니다. 어른들이 먼저 놀이를 나쁘게 여기는 태도를 바꾸고 아이들에게서 놀이가 사라지지 않도록 노력해야 합니다.

1 부모님이 놀이를 나쁘게 여기는 태도를 드러낸 말은 무엇인가요?

(   )

① 놀지 말고 공부하여라.
② 음식을 골고루 먹어라.
③ 아침에 일찍 일어나라.
④ 동생과 싸우지 말고 놀아라.

2 ㉠은 무엇을 나타낸 말인지 알맞은 것을 찾아 ○표 하세요.

공부의 중요성	놀이의 중요성	건강의 중요성
( )	( )	( )

글의 중심
생각 찾기

3 글쓴이의 생각으로 알맞은 것을 찾아 기호를 쓰세요.

> **가.** 아이들에게 놀이는 꼭 필요한 활동이다.
> **나.** 놀이 활동은 두뇌 발달에 나쁜 영향을 끼친다.
> **다.** 어른들이 먼저 놀이를 좋게 여기는 태도를 버려야 한다.

(   )

4 글쓴이가 아이들에게 놀이를 돌려주자고 말한 까닭을 찾아 ○표 하세요.

1 아이들은 놀이를 통해 많은 것을 배우기 때문에 ( )

2 어른들은 아이들과 달리 놀이를 하기 싫어하기 때문에 ( )

✊ **글쓴이가 하고 싶은 말** 글쓴이의 생각이 드러난 글에서 글쓴이가 하고 싶은 말을 찾으면 중심 생각을 알 수 있습니다.

글의 중심
생각 찾기 **5** 글쓴이가 하고 싶은 말로 알맞지 <u>않은</u> 것은 무엇인가요? ( )

① 아이들에게 놀 기회를 주어야 한다.
② 학교에서 먼저 놀이 시간을 줄여야 한다.
③ 아이들이 놀 수 있는 환경을 마련해 주어야 한다.
④ 아이들에게 놀이가 중요하다는 것을 깨달아야 한다.

오늘 독해는?

5문제 중 개를 맞혔어요!

영화는 과학이다

다음 글을 읽으며, 빈칸에 들어갈 알맞은 낱말을 찾아 쓰세요.

관객	앞서	투명

마술 공연이 시작되었어요. 마술사가 손수건을 꺼내 [   ] 을 향해 던

운동 경기, 공연, 영화 따위를 보거나 듣는 사람

지자 비둘기가 되어 날아갔어요. 마술사는 [   ] 유리로 된 상자 안에

물체가 빛을 잘 통과시킴.

들어갔어요. 도우미가 마술사보다 [   ] 상자의 뚜껑을 닫았어요. 보자

남보다 먼저

기로 덮었다가 벗기자 마술사가 사라졌어요. 신기한 마술 공연이었어요.

● 다음 글을 읽고, 물음에 답하세요.

주원이는 방학 동안 여러 편의 영화를 보았습니다. 공룡이 나오는 영화, 마법사가 나오는 영화, 우주를 탐험하는 영화 등을 보면서 영화가 어떻게 만들어지는지 궁금해졌습니다. 주원이는 척척박사 사촌 형을 찾아갔습니다. 주원이는 궁금한 것이 있을 때마다 사촌 형에게 달려가곤 합니다.

형은 영화를 맨 처음 만든 사람에 대한 이야기부터 들려주었습니다.

"영화를 맨 처음 만든 사람은 프랑스의 뤼미에르 형제라고 해. 그들은 관객 앞에서 움직이는 사진을 화면 위에 나타나게 한 최초의 사람들이지. 뤼미에르 형제에 앞서 에디슨도 활동사진을 보여 주었는데, 기계에 눈을 대고 한 사람씩 볼 수 있는 거였어."

"그런데 사진이 어떻게 움직이는 거야?"

사촌 형은 어떻게 설명하면 좋을지 고민하다가 투명 종이 몇 장을 꺼냈습니다.

"자, 이 종이에 만세 부르는 아이를 그려 볼까? 처음에는 손이 아래 있는 모습을 그리고, 그다음엔 손을 조금 올린 모습을……."

사촌 형은 몇 장의 그림을 순서대로 포개어 묶고 종이를 빠르게 넘겨 보여 주었습니다. 그랬더니 그림이 정말 움직이는 것처럼 보였습니다.

㉠"여러 사진을 빠르게 넘겼을 때 움직이는 것처럼 보이는 효과, 사진을 빠르게 찍을 수 있는 사진기, 화면에 그것을 비출 수 있는 기계가 있으면 영화는 완성되는 거야."

하고 사촌 형은 친절하게 설명해 주었습니다.

사촌 형에게 영화에 대해 여러 가지 이야기를 들은 주원이는 집으로 돌아오면서 생각하였습니다.

'영화는 과학이구나!'

1 주원이가 사촌 형을 찾아간 까닭을 찾아 ○표 하세요.

1 공룡이 나오는 영화를 함께 보려고 ( )

2 영화가 어떻게 만들어지는지 물어보려고 ( )

2 이 글의 내용으로 알맞지 <u>않은</u> 것을 찾아 기호를 쓰세요.

> **가.** 영화를 처음 만든 사람은 뤼미에르 형제이다.
>
> **나.** 영화를 만들려면 사진을 빠르게 찍을 수 있는 기계가 있어야 한다.
>
> **다.** 에디슨은 관객들 앞에서 움직이는 사진을 화면 위에 나타나게 한 최초의 사람이다.

( )

3 ㉠에서 알 수 있는 영화의 특징은 무엇인가요? ( )

① 배우가 있어야 한다.

② 이야기를 바탕으로 한다.

③ 만드는 데 시간이 오래 걸린다.

④ 여러 가지 과학 기술이 사용된다.

글의 중심
생각 찾기

4 주원이와 사촌 형의 생각을 통해 알 수 있는 이 글의 중심 생각을 빈칸에 알맞게 쓰세요.

영화는 [ ][ ] 이다.

글의 중심
생각 찾기

5 4에서 답한 중심 생각과 비슷한 생각을 말한 친구의 이름을 쓰세요.

> **강한** : 영화는 예술이야. 우리에게 감동을 주잖아.
> **단아** : 영화는 과학이야. 기술이 있어야 찍을 수 있어.
> **고운** : 영화는 경제야. 영화를 찍는 데 많은 돈이 필요하잖아.

(   )

오늘 독해는?

5문제 중   개를 맞혔어요!

우주 어딘가에 외계인이 있을 거야

다음 글을 읽으며, 빈칸에 들어갈 알맞은 낱말을 찾아 쓰세요.

영영	탐사	원판

오래된 집터를 [   ]하다가 유물이 발견되었어요. 집터에서 조금 떨어

알려지지 않은 사물이나 사실 따위를 샅샅이 더듬어 조사함.

진 곳에서 발견된 나무 [   ]에는 모양이 새겨진 흔적만 남아 있어요.

판판하고 넓으며 둥근 모양의 판

유물은 그릇과 함께 발견된 것으로 보아 부엌에서 썼던 물건으로 보여요.

어쩌면 [   ] 발견되지 못할 뻔한 소중한 유물이에요.

영원히 언제까지나

● 다음 글을 읽고, 물음에 답하세요.

　지금 우주 저 멀리에는 우주 탐사선 하나가 외롭게 날아가고 있어요. 바로 보이저 호랍니다. 보이저 호는 지구로 영영 되돌아오지 않아요. 사람이 타지 않은 채 저 혼자 끝없이 우주를 여행하도록 만들어졌기 때문이에요.

　보이저 호는 우주를 여행하다가 새로운 별을 만나면 사진을 찍어 지구로 보내는 일을 해요. 보이저 호는 이미 30년이나 우주를 여행하였기 때문에 지금은 지구로부터 엄청나게 멀리 떨어진 곳에 있답니다.

　보이저 호는 우주 탐사뿐만 아니라 또 하나 중요한 일을 맡고 있어요. 바로 외계인을 만나면 지구인의 편지를 전하는 일이에요.

　보이저 호에 실린 편지는 글로 쓰여 있을까요? 아닙니다. 외계인은 지구인 말을 모르기 때문에 보이저 호에는 글로 쓴 종이 편지가 아니라 금속 원판으로 된 편지가 있어요. 여기에는 지구가 어떤 곳인지, 지구인은 누구인지 알려 주는 내용이 담겨 있어요. 지구의 지도라든가 남자와 여자의 모습, 그리고 숲이나 바다, 집이나 비행기 같은 모습을 담은 사진과 지구에서 들을 수 있는 갖가지 소리도 담겨 있어요. 이를테면 노랫소리, 아기 소리, 웃는 소리, 귀뚜라미 소리, 그리고 엄마와 아빠가 뽀뽀하는 소리까지 들어 있어요.

　보이저 호를 띄워 보낸 과학자들은 보이저 호가 외계인을 꼭 만날 거라고 믿고 있어요. 우주는 끝없이 넓은데 지구에만 사람이 산다고 믿기는 어렵기 때문이래요. 이들은 지구인과 외계인이 아직 만나지 못하였을 뿐이라고 생각한대요.

1 이 글을 통해 알 수 있는 내용이 <u>아닌</u> 것은 무엇인가요? (   )

① 보이저 호에는 사람이 타고 있지 않다.

② 보이저 호는 지구로 되돌아오지 않는다.

③ 보이저 호에 실린 편지를 외계인이 받은 적이 있다.

④ 보이저 호에는 외계인에게 보내는 편지가 실려 있다.

2 보이저 호에 실린 지구인의 편지 내용으로 알맞지 <u>않은</u> 것을 찾아 기호를 쓰세요.

> **가.** 지구인이 누구인지 알려 주는 내용
> **나.** 지구가 어떤 곳인지 알려 주는 내용
> **다.** 외계인에게 하고 싶은 말을 글로 쓴 내용

(   )

글의 중심
생각 찾기

3 보이저 호를 띄운 과학자들의 생각으로 알맞은 것을 찾아 ○표 하세요.

❶ 우주 어딘가에 외계인이 있을 것이다.   (   )

❷ 우주 어디에도 외계인은 없을 것이다.   (   )

4 3에서 답한 것과 같이 생각한 까닭을 쓴 것입니다. 빈칸에 알맞은 말을 쓰세요.

> 우주는 끝없이 넓은데 ☐☐에만 사람이 산다고 믿기는 어렵기 때문이다.

👊 **제목을 붙인 까닭** 글의 중심 생각은 제목에 드러나기도 합니다. 이 글에서는 보이저 호 이야기와 보이저 호를 띄운 과학자들의 생각을 소개하면서 글쓴이가 하고 싶은 말이 제목에 드러나 있습니다.

글의 중심
생각 찾기

5 이 글의 제목이 「우주 어딘가에 외계인이 있을 거야」라면, 글쓴이가 이처럼 제목을 붙인 까닭은 무엇일까요? (　　　)

① 보이저 호가 지구로 돌아와야 한다고 생각해서
② 보이저 호가 외계인을 만날 수 있다고 생각해서
③ 보이저 호를 우주로 띄워 보낸 것은 잘못이라고 생각해서
④ 보이저 호의 편지에 새로운 내용을 담아야 한다고 생각해서

5문제 중　　　개를 맞혔어요!

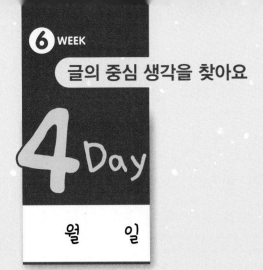

사람은 어떻게 생겼나

다음 글을 읽으며, 빈칸에 들어갈 알맞은 낱말을 찾아 쓰세요.

깊이	쓸데없이	픽

영미는 동생의 머리핀을 꽂았어요. 입은 옷에 ☐ 잘 어울렸기 때문에
보통 정도를 훨씬 넘게

그렇게 하고 친구를 만나고 싶었어요. 하지만 동생이 울음을 터뜨려서 머

리핀은 ☐☐☐☐ 되었어요. 엄마가 동생을 울렸다고 친구를 만나러
아무런 쓸모나 득이 될 것이 없이

나가지 말래요. 영미는 ☐☐ 반성했지만 속상한 것은 어쩔 수 없었어요.
생각이 듬쑥하고 신중하게

● 다음 글을 읽고, 물음에 답하세요.

얼굴: 여러분, 저는 귀와 코와 입과 눈으로 되어 있습니다. 뭐니 뭐니 해도 내가 제일이지요. 귀가 없으면 듣지를 못할 것이요, 코가 없으면 냄새를 못 맡지요. 입이 없으면 말도 못 하고, 먹지도 못하고, 눈이 없으면 보지 못합니다. 나는 이런 모든 것을 데리고 있는 얼굴입니다.

머리: 세상에서 제일 훌륭한 사람들은 다 머릿속이 좋아야 합니다. 나는 여러분들 앞에서 내가 제일이라고 자랑하지 않겠습니다. 여러분! 세상의 모든 일을 눈으로 보기만 하고, 귀로 듣기만 하고, 입으로 밥만 먹고 하면 뭐합니까? 사람이란 모든 것을 깊이 생각할 줄 알아야죠. 만일 내가 없으면 어떻게 모든 것을 생각하시겠습니까? 기차, 전차, 라디오, 이 모든 것도 머릿속에서 나온 것입니다.

혈맥: 같잖은● 많은 것들이 나와 이러쿵저러쿵 떠들었습니다. 여러분 귀가 꽤 아프셨을 줄 압니다. 여러분, 나는 혈맥입니다. 조금이라도 쉬어서는 안 되는, 사람의 몸을 빙빙 도는 피! 그 피가 지나다니는 길 즉, 나입니다. 여러분, 내 위를 가만히 손으로 만져 보십시오. 발뚝 하지 않습니까? 그것이 피가 다니는 것이랍니다.

신경: 여러분, 놀라지 마십시오. 갑자기 나는 소리에 깜짝 놀라셨지요? 여러분은 귀가 있기 때문에 들었다고 말씀하시겠지요? 그렇지만 신경인 내가 없으면 듣지 못하실 것입니다. 여러분이 쓸데없이 걱정을 많이 하거나 일을 너무 많이 하거나 하면 내가 퍽 약해집니다.

살가죽: 여러분, 참 기가 막혀서 말이 안 나옵니다. 이것 보십시오. 저것이 무슨 사람입니까? 저렇게 오장과 육부●가 환하게 들여다뵈는 사람이 어디 있습니까? 나는 살가죽입니다. 만일 내가 없으면 온몸은 모두 헤어질 것입니다. 험, 어떻습니까?

● 같잖은: 말하거나 생각할 거리도 못 되는.
● 오장과 육부: 우리 몸속에 있는 내장을 통틀어 이르는 말.

1 이 글에 나오는 인물이 <u>아닌</u> 것을 찾아 ○표 하세요.

머리	다리	혈맥	살가죽
( )	( )	( )	( )

글의 중심
생각 찾기

2 다음과 같이 생각한 인물을 찾아 선으로 이으세요.

① 내가 없으면 온몸은 모두 헤어질 것이다.　　　　　　● ㉮ 얼굴

② 귀가 있어도 내가 없으면 듣지 못할 것이다.　　　　● ㉯ 머리

③ 내가 없으면 모든 것을 깊이 생각할 수 없다.　　　● ㉰ 혈맥

④ 나는 조금도 쉬어서는 안 되는 피가 지나는 길이다.　● ㉱ 신경

⑤ 보고 듣고 먹고 냄새를 맡게 해 주는 눈, 귀, 입, 코가 나에게 있다.　● ㉲ 살가죽

3 인물들의 생각을 비교해 보고 인물들에게 해 줄 말로 알맞은 것은 무엇인 가요? (   )

① 사람의 몸과 동물의 몸은 다르단다.

② 가끔은 자기 자랑을 할 줄도 알아야지.

③ 사람의 몸에 꼭 필요한 것은 심장이야.

④ 사람의 몸은 여러 부분이 모여 하나가 되는 거야.

글에 대한 자신의 생각 글의 중심 생각과 관련하여 자신의 생각을 말하려면 먼저 중심 생각을 파악해야 합니다. 이 글의 중심 생각은 사람의 몸에서 필요하지 않은 부분은 없다는 것입니다.

글의 중심
생각 찾기

4 이 글의 중심 생각을 바르게 파악하여 자신의 생각을 말한 친구의 이름을 쓰세요.

> 유나 : 몸에 꼭 필요한 것은 머리라는 글의 중심 생각처럼 우리 반에서도 회장의 역할이 정말 중요해.
>
> 서정 : 몸에서 필요하지 않은 부분은 없다는 글의 중심 생각처럼 우리도 한 사람 한 사람이 꼭 필요한 사람이야.

(   )

오늘 독해는?

4문제 중   개를 맞혔어요!

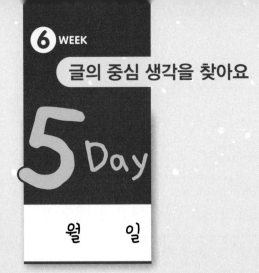

WEEK

글의 중심 생각을 찾아요

5 Day

월　　　일

판서도
제 싫으면 그만

다음 글을 읽으며, 빈칸에 들어갈 알맞은 낱말을 찾아 쓰세요.

벼슬	행차	사령

길이 좁은데 사또의 　　　 는 점점 가까워졌어요. 나무꾼은 산더미 같

　　　 웃어른이 차리고 나서서 길을 감.

은 나무를 등에 지고 있었기 때문에 비킬 수가 없었어요. 어쩔 수 없이 그

자리에 선 채 주춤거리고 있는데 　　　 이 다가와 나무꾼을 사정없이 밀

　　　 각 관아에서 심부름을 하던 사람

쳐냈어요. 이때부터 나무꾼은 자기도 　　　 을 해야겠다고 마음먹었어요.

　　　 관아에 나가서 나랏일을 맡아 다스리는 자리

판서도 제 싫으면 그만

나무꾼은 머리에서 발끝까지 누더기 옷을 입고 아침부터 밤이 될 때까지 데굴데굴 길바닥을 굴러다녔어요.

'삼 년 동안만 참고 굴러다니자. 그러면 나도 벼슬을 하게 된다.'

나무꾼은 이런 생각을 하며 고통을 참아 낸 거예요.

이 소문은 임금의 귀에까지 들어갔고 임금은 그가 어떤 사람인지 궁금하여 허름한 옷을 입고 나무꾼을 찾아갔어요.

"네가 벼슬을 하려 한다는데 정말인고?"

임금은 나무꾼에게 물었어요.

"감사는 어떠냐?"

"좋지요."

"판서는 어떤고?"

"당연히 좋지요."

"정승은 어떤고?"

"좋습니다."

"그럼, 임금은 어떤고?"

임금의 말이 끝나기 무섭게 나무꾼은 벌떡 일어나 크게 화를 냈어요.

"예끼, 이 사람아! 어디서 함부로 그런 말을 하느냐? 내가 아무리 벼슬을 하고 싶어도 나라에 한 분밖에 안 계시는 임금 자리를 탐낼 것 같으냐?"

임금은 나무꾼의 무례한 행동을 조금도 탓하지 않고 오히려 그의 순진한 마음에 감동하였어요.

대궐로 돌아온 임금은 대신들을 불러 놓고 말했어요.

"그 나무꾼이 배운 것은 없어도 마음이 굳은 사나이다. 누가 비웃든 간에 한번 마음먹은 걸 끝까지 해 보려는 것은 마음이 굳세다는 증거이니라."

그러고는 임금은 명을 내렸어요.

"한 달 동안만 판서 벼슬을 주어라."

이리하여 나무꾼은 이튿날 판서의 벼슬에 오르게 되었답니다. 그는 곧 행차를 하여 시골로 내려갔어요. 거기서 그는 자신을 업신여겼던 사령을 혼내 주었어요. 나무꾼은 소원을 풀어서 매우 기쁘긴 했으나 벼슬자리가 자연스럽지 못하여 잠도 제대로 못 자고 불편한 마음으로 하루하루를 보냈어요.

'이게 아닌 게여. 나는 내가 할 일이 따로 있는 게여.'

나무꾼은 그 후에 자기 일에 더욱 만족하며 즐겁게 살았답니다.

**글의 중심
생각 찾기**

1 이 글의 제목을 보고 어떤 이야기일지 알맞게 짐작한 것의 기호를 쓰세요.

> **가.** 판서도 자기가 싫으면 못 한다는 이야기일 것이다.
> **나.** 훌륭한 임금이 백성을 잘 보살피는 이야기일 것이다.
> **다.** 부자가 되려고 열심히 노력하는 사람의 이야기일 것이다.

(   )

2 나무꾼의 생각으로 알맞지 <u>않은</u> 것은 무엇인가요? (   )

① 판서가 되느니 임금이 되겠다.

② 감사, 판서, 정승 중 어느 벼슬자리도 좋다.

③ 삼 년 동안만 참고 굴러다니면 벼슬을 하게 된다.

④ 판서가 되어 기쁘긴 하지만 내가 할 일은 따로 있다.

3 판서가 된 나무꾼의 마음이 불편했던 까닭을 찾아 ○표 하세요.

1 벼슬자리가 자연스럽지 못해서 ( )

2 자신이 원하였던 벼슬자리를 얻지 못해서 ( )

이야기의 교훈 교훈이란 앞으로의 행동이나 생활에 지침이 될 만한 가르침을 말합니다. 이야기는 줄거리나 인물의 삶을 통해 가르침을 주는 경우가 많아서 교훈을 통해 중심 생각을 알 수 있습니다.

글의 중심
생각 찾기

4 이 글에서 얻을 수 있는 교훈은 무엇인가요? ( )

① 착한 친구를 사귀면 착한 사람이 된다.
② 사람마다 자기에게 맞는 일이 따로 있다.
③ 내가 먼저 베풀면 다른 사람도 내게 베푼다.
④ 내가 하기 싫은 일은 다른 사람도 하기 싫다.

오늘 독해는?

4문제 중 개를 맞혔어요!

독해 원리 학습

중심 생각을 찾는 방법

글쓴이의 생각이 드러난 글

글쓴이가 하고 싶은 말과 그렇게 말한 까닭을 찾는다.

이야기

주요 인물의 말과 행동을 알아보고 줄거리를 알아본다.

중심 생각을 알면
글의 중요한 내용을 잘 정리할 수 있어요.

모든 무지갯빛이 혼합되어 구름이 하얗게 보인다. 이처럼 대기가 없는 달과 달리 지구는 산란 효과에 의해 파란 하늘과 흰 구름을 볼 수 있는 것이 **중심 내용**

16. 윗글의 중심 내용으로 가장 적절한 것은?

① 산란의 원리와 유형
② 무지갯빛의 형성
③ 빛의 파장과
④ 미 산란의 원리
⑤ 가시광선의 종류와 산란의 세기

수능에는 중심 생각을 찾거나 이를 바탕으로 하여 중심 내용을 이해했는지 묻는 문제가 나와요!

상위권의 기준

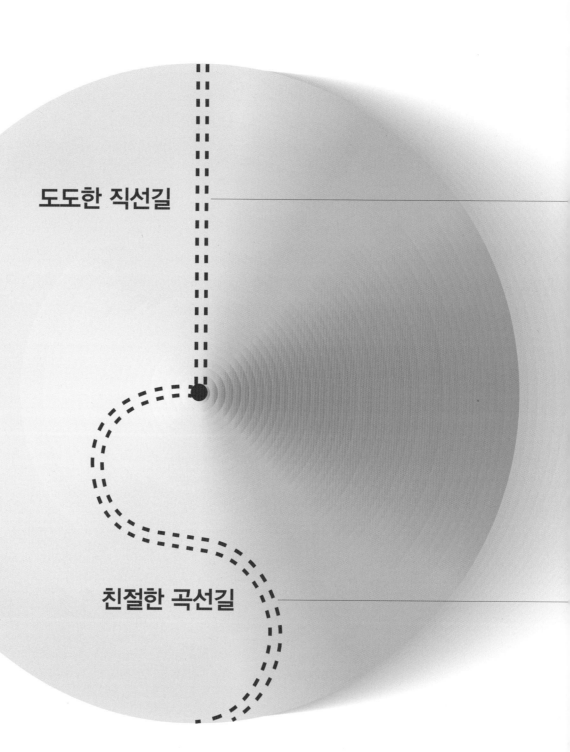

도도한 직선길

친절한 곡선길

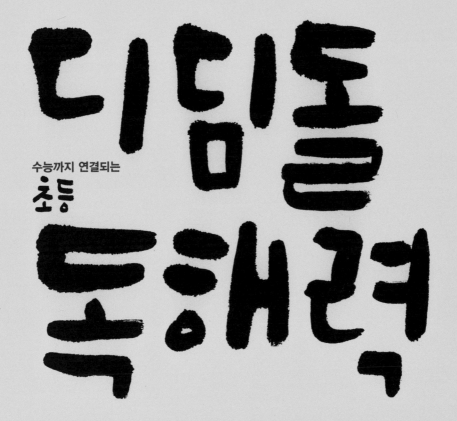

수능까지 연결되는
초등

디딤돌
독해력

정답과 해설

수능까지 연결되는
초등

디딤돌
독해력

정답과 해설

디딤돌

11~14쪽

1 Day

강아지와 해님

훌쩍 살며시 깜박

1 쫄랑쫄랑 **2** 연못
3 ❶-㉮, ❷-㉯, ❸-㉰   **4** ④
5 쫄랑쫄랑, 한들한들, 킁킁, 훌쩍

1 ㉠에서 '쫄랑쫄랑'은 강아지가 해님을 따라갈 때 어떻게 하였는지를 자세하게 해 주는 말이고, 뒤에 오는 말인 '따라갔습니다'를 꾸며 줍니다.

2 ㉡에서 '작은'은 연못의 크기가 어떠한지를 자세하게 해 주는 말이고, 뒤에 오는 말인 '연못'을 꾸며 줍니다.

3 '쫄랑쫄랑'은 자꾸 가볍고 경망스럽게 까부는 모양, '한들한들'은 가볍게 자꾸 이리저리 흔들거리거나 흔들리게 하는 모양, '킁킁'은 콧구멍으로 숨을 세차게 띄엄띄엄 내쉬는 소리를 흉내 내는 말입니다.

4 이 글에서 일이 일어난 순서는 '④ → ③ → ① → ②'입니다.

5 강아지가 해님을 따라가는 모습에는 '쫄랑쫄랑', 꽃이 춤추는 모습에는 '한들한들', 강아지가 향기 맡는 모습에는 '킁킁', 해가 산 너머로 넘어가는 모습에는 '훌쩍'과 같은 꾸며 주는 말이 어울립니다.

15~18쪽

2 Day

비가 와요

빗줄기 개울 시내

1 ③   **2** 시내, 바다 **3** 주룩주룩
4 즐겁게   **5** 진수

1 2연은 비 오는 날 개구리의 모습을 노래하였고, 3연은 빗물이 개울로 시내로 강으로 바다로 흘러가는 모습을 노래하였으며, 4연은 비에 젖은 새싹의 모습을 노래하였습니다.

2 3연에서 빗물은 개울로 흐르고, 개울물은 시내로 흐르고, 시냇물은 강으로 흐르고, 강물은 바다로 흐른다는 내용이 나옵니다.

3 이 시에서 비 오는 소리를 흉내 내는 말은 '주룩주룩'입니다. '첨벙첨벙'은 아이들이 발장구치는 소리, '푸우푸우'는 새싹이 세수하며 물장난하는 소리를 흉내 내는 말입니다.

4 ㉠은 아이들이 맨발로 돌아다니며 기분이 매우 좋아진 것을 나타내고 있으므로, '즐겁게'와 바꾸어 써도 뜻이 통합니다.

5 '신나게'라는 꾸며 주는 말을 사용하여 말한 사람은 진수입니다. 경희는 '힘차게'라는 꾸며 주는 말을, 지윤이는 '즐겁게'라는 꾸며 주는 말을 사용하여 말하였습니다.

3 Day 19~22쪽

오른쪽이와 동네한바퀴

버릇 말문 무심코

1 차는   **2** ❷○

3 ❶-㉲, ❷-㉯, ❸-㉮   **4** ③

5 윤성

4 Day 23~26쪽

인디언 놀이

물장구 헤엄 진흙

1 ④   **2** ❶○

3 ❶ 첨벙첨벙 ❷ 까만   **4** 가

5 맛있게

---

1 오른쪽이는 '나는 똘이의 오른쪽 운동화입니다.'라고 자기를 소개하면서 무엇이든지 뻥 차는 버릇이 있다고 하였습니다.

2 '바로 유나의 빨간 구두입니다.'에서 '빨간'은 뒤에 오는 말인 '구두'를 꾸며 주는 말입니다.

3 오른쪽이는 빈 요구르트병을 찼을 때는 '또르르!', 헌 신문지를 찼을 때는 '치이익!', 대문을 찼을 때는 '텅!' 하는 소리가 났다고 하였습니다.

4 오른쪽이는 똘이네 강아지 이름이 '동네한바퀴'라고 하였습니다.

5 이 글에는 내용을 자세하고 실감 나게 꾸며 주는 말이 많이 나옵니다. 글에 꾸며 주는 말이 있으면 내용을 더 자세히 떠올릴 수 있고 생생하게 느끼게 되면서 글을 읽는 재미를 느낄 수 있습니다. 이 글에 시간을 나타내는 말은 나오지 않습니다.

1 아이들은 진흙을 몸에 바르고 부들 잎으로 모자와 치마를 만들어 입으며 인디언 놀이를 하였습니다.

2 남자아이들이 인디언 놀이를 하기 위해 발가벗자, 영숙이는 발가벗고 있으면 부끄러울 것 같아서 남자아이들이 같이 놀자는 말을 못 들은 척하였습니다.

3 물장구치는 모습을 꾸며 주는 말로 알맞은 것은 '첨벙첨벙'이고, 진흙을 자세하게 해 주는 말로 알맞은 것은 '까만'입니다.

4 '굴뚝같다'와 '굴뚝'은 그 뜻이 다릅니다. '굴뚝같다'는 바라거나 그리워하는 마음이 몹시 간절하다는 뜻입니다.

5 기분이 매우 좋아서 뛰어노는 아이들의 모습에 어울리게 '즐겁게', '신나게'와 같은 꾸며 주는 말을 사용할 수 있습니다. '맛있게'는 이러한 아이들의 모습에는 어울리지 않는 표현입니다.

변함없는 충성심

포위 사자 도리

1 ④   **2** ❷○   **3** 가
4 ❷○   **5** 윤기

1 이성계는 최영의 목숨을 구해 주려고 몰래 사자를 보냈습니다. 따라서 사자가 전한 이성계의 뜻은 최영의 목숨을 구해 주겠다는 내용일 것입니다.

2 최영은 신하가 임금을 쫓아낸다는 것은 말이 안 되며, 아무리 못난 임금이라도 충성을 다해 섬기는 것이 신하의 도리라고 생각하였습니다. 그래서 최영은 이성계가 새 임금을 모시려고 하는 것에 반대하였습니다.

3 최영 장군은 충성스러운 신하이므로 **가**에 쓰인 꾸며 주는 말이 알맞습니다. 이 글의 내용으로 보아 **나**에서 '존경하였다'를 꾸며 주기에 알맞은 말은 '진심으로'이고, **다**에서 '혼란에 빠졌다.'를 꾸며 주기에 알맞은 말은 '큰'입니다.

4 '힘없이'는 '기운이나 의욕 따위가 없이'의 뜻입니다. 이 뜻에 알맞게 사용된 문장은 ❷입니다.

5 못난 임금이라도 충성을 다해 섬겨야 한다는 최영의 생각과 비슷한 의견을 말한 친구는 윤기입니다.

❶아빠의 마음 ❷어젠 미안했어

뒤척이게 언짢음 힘껏

1 ①   **2** 고마워서   **3** ④
4 미안한 마음 **5** 가

1 이 글에서 마음을 나타내는 말은 '속상해서, 미안해, 죄송해요, 고마워요' 등으로, 인물의 마음을 직접 나타내 줍니다. '그런데'는 이어 주는 말로 마음을 나타내는 말이 아닙니다.

2 아빠가 힘겹게 생일 축하 케이크를 들고 오신 것을 알고 채원이는 고마운 마음이 들어서 아빠를 힘껏 껴안았습니다.

3 짝에게 쏘아붙인 말 때문에 마음이 불편하여 잠자리를 뒤척이는 상황에 어울리는 생각은 짝에게 한 말을 후회하거나 짝에게 사과해야겠다는 내용입니다. 따라서 마음이 편안하다고 한 ④가 알맞지 않습니다.

4 말하는 이가 오늘 짝과 있었던 일에 대해 "어젠 미안했어."라고 사과하겠다고 한 것으로 보아 말하는 이는 짝에게 미안한 마음을 전할 것입니다.

5 말하는 이가 미안한 마음을 전하려는 말과 까닭을 알맞게 말한 것은 **가**입니다.

새싹한테서 온 전화

마당   새싹   가지

1 새싹   **2** ❶-㉮, ❷-㉯
3 가지   **4** ①   **5** 다

---

1 준미가 장난감 전화기로 걸려 온 전화를 받자 상대는 새싹이라고 자신을 소개하였습니다.

2 ㉠에서 준미는 장난감 전화기에서 "따르릉!" 하고 전화가 와서 놀란 마음을 행동으로 표현하였고, ㉡에서 새싹은 개나리 가지 속에 있어서 갑갑한 마음을 말로 표현하였습니다.

3 장난감 전화기의 줄이 꽃밭에 있는 개나리 가지에 묶여 있었으므로, 새싹이 있는 곳은 개나리 가지 속입니다.

4 준미는 새싹에게 어서 나오라며 자신도 혼자 노니까 심심하다고 말하였습니다.

5 새싹에게 어서 나오라고 한 것으로 보아 준미는 새싹 친구들을 만나고 싶어 합니다. 준미는 어머니에게 새싹한테 온 전화 이야기를 하였지만 어머니는 준미의 말을 듣고 웃기만 하셨습니다. 새싹이 준미에게 겨울에 대해 말하는 내용은 이 글에 나오지 않습니다.

미안해 미안해 정말 미안해

잠꼬대   엉터리   금방

1 ❷○   **2** ③   **3** 가
4 미안해.   **5** 연익

---

1 엄마에게 게임기를 아까 가을이가 가지고 놀았는데 없어졌다고 말한 것으로 보아, 찬혁이는 가을이 때문에 게임기가 없어졌다고 생각하고 있습니다.

2 앞 문장인 '가을이가 싫은데 잠도 같이 자래요.'로 보아 ㉠은 가을이랑 같이 자기 싫어서 한 행동입니다.

3 찬혁이는 말을 못 하면 어떤 기분이 들지 생각해 보다가 가을이의 처지를 이해하게 되었습니다. 침대 밑에 게임기를 숨기는 것은 말을 못 하는 것과는 관련이 없으므로 가을이의 처지를 이해하는 생각으로 알맞지 않습니다.

4 가을이는 말을 못 하는 아이라서 수화 언어를 사용하는데, ㉡의 앞뒤 내용으로 보아 손을 나풀거리는 것은 '미안해.'의 뜻입니다.

5 찬혁이는 게임기가 없어졌을 때는 가을이가 싫었는데 가을이의 처지를 이해했을 때는 미안한 마음이 들었습니다.

47~50쪽

4 Day
동생 따윈 필요 없어

무조건   도저히   완전히

1 ③
2 ❶-㉮, ❷-㉯, ❸-㉰
3 ❶○
4 명수

51~54쪽

5 Day
유석이의 하루

직장   시무룩한   발걸음

1 ④
2 ❶○
3 ❶-㉮, ❷-㉯
4 힘없는 목소리
5 한별

---

1 호아 아줌마가 온 뒤로 가끔 밥으로 베트남 요리가 나오고, 집에서 친구들과 노는 일이 금지되었으며, 호아 아줌마가 올 때까지 하롱을 돌봐 줘야 하는 상황 때문에 '나'는 속상한 마음이 들었습니다. 한국말과 베트남 말을 섞어 쓰는 것은 하롱이지 '내'가 아니므로 ③은 '내'가 속상한 마음이 든 상황이 아닙니다.

2 ❶에는 '미웠다', ❷에는 '짜증 나는', ❸에는 '지겨웠다'와 같이 마음을 직접 나타내는 말이 들어 있습니다.

3 '나'는 날이 지날수록 하루하루가 지겨웠는데 하롱은 뭐가 그리 좋은지 날마다 즐거워했다고 하였습니다. 따라서 하롱의 마음을 알 수 있는 표현은 ❶입니다.

4 '내'가 집에서 친구들과 놀지 못하는 대신 하롱과 재미있는 놀이를 하면 좋을 것 같다고 인물에게 하고 싶은 말을 알맞게 한 사람은 명수입니다. '나'는 하롱을 동생으로 받아들이지 않고 있으므로, 다혜는 인물의 마음이나 인물이 처한 상황을 잘 이해하지 못하였습니다.

1 유석이 부모님은 아침 일찍 직장에 나가시기 때문에 유석이는 학교에 갈 때 혼자 집을 나서는 것입니다.

2 오늘은 어머니들께서 학교에 오시는 날이라고 하였으므로, 유석이가 자꾸 창밖을 내다본 것은 어머니가 학교에 오시기를 바라서 한 행동입니다.

3 유석이는 엄마가 직장에 다니시기 때문에 집에 가면 늘 엄마가 계신 동민이가 부럽다고 말하였고, 동민이는 엄마가 집에 안 계시면 마음대로 놀 수 있다고 생각해서 유석이가 부럽다고 말하였습니다.

4 ㉡에는 집에 가면 엄마가 늘 계시기를 바라는 마음이 나타나 있으므로 실감 나게 표현하려면 힘없는 목소리로 읽는 것이 어울립니다.

5 엄마가 발표회에 오지 않아서 서운한 마음이 들었다고 말한 한별이가 이야기 속의 유석이와 비슷한 경험을 말하였습니다.

화려한 불만 볼품없는

1 ❶-㉯, ❷-㉮ **2** 센돌이
3 ④ **4** ④ **5** 다

따져 망치 박은

1 ❶ ○ **2** ② **3** 시현
4 토끼 **5** ④

1 초원에서 생활한 센돌이는 굶주리기도 하고 적을 만나 싸우기도 하여서 더 용감한 모습일 것 같고, 궁궐에서 생활한 힘돌이는 임금이 맛있는 고기를 주고 금 목걸이까지 걸어 주어서 더 화려한 모습일 것 같습니다.

2 온갖 고생을 하며 살아서 더 용감하고 힘이 셀 것이라는 내용을 까닭으로 들어 왕이 될 것이라고 생각할 수 있는 인물은 센돌이입니다.

3 하느님을 찾아간 공작은 자신의 노래 재주가 형편없다고 불만을 말하였습니다.

4 하느님은 공작의 아름다움을 설명하면서 공작이 어떻게 생겼는지 말로 표현하였습니다. 이런 표현을 찬찬히 생각해 보면 공작의 생김새를 짐작할 수 있습니다.

5 공작은 하느님이 자신에게 아름다운 목소리를 주지 않은 대신 아름다운 목둘레와 눈꼬리를 주신 것을 알고 모든 동물이 여러 가지 재주를 나누어 가졌다는 것을 깨달았습니다.

1 노루는 몸집이 큰 것을, 토끼는 수염이 긴 것을, 두꺼비는 주름살이 많은 것을 까닭으로 들어 자기가 어른이라고 주장하였습니다.

2 세 동물은 서로 자기가 어른이라고 주장하다가 누가 가장 나이가 많은지 따져 보기로 하였습니다.

3 세 동물이 자기가 어른이라고 주장한 말에서 생김새를 나타내는 표현을 찾아 찬찬히 생각해 보면 노루는 몸집이 크고, 토끼는 수염이 길고, 두꺼비는 주름살이 많을 것입니다.

4 노루가 하늘에 별을 박았을 정도로 오래 살았다고 말하자, 토끼는 노루가 별을 박을 때 밟고 올라간 사다리를 만드는 데 사용한 나무를 자기가 심었을 정도로 오래 살았다고 말하였습니다.

5 두꺼비는 지나치게 부풀려서 말하고 행동하는 성격입니다.

3 Day 67~70쪽
신발 한 짝마저

일행 안심 쓸모

1 ① **2** ❶○ **3** ②
4 인자하다. **5** 지은

4 Day 71~74쪽
메기야, 고마워

험상궂게 쉰 물살

1 ② **2** ❶○ **3** ❶나 ❷다
4 고마운 마음 **5** 빈우

1 간디는 바쁘게 기차역에 도착하여 급하게 기차에 올라탔고, 그 바람에 간디의 오른쪽 신발이 기차의 난간에 걸려 벗겨져 기차 밖으로 떨어지고 말았습니다.

2 간디는 자신이 떨어뜨린 신발을 줍게 될 사람이 한 짝만으로는 제대로 신고 다닐 수 없을 것을 생각해서 나머지 신발 한 짝마저 던져 놓은 것입니다.

3 신발을 줍게 될 사람을 배려해서 한 행동으로 보아 간디는 다른 사람을 배려할 줄 아는 삶을 살아가고 있습니다.

4 간디가 신발을 줍게 될 사람을 생각해서 나머지 신발마저 던졌다고 말할 때에 한 행동이므로 ㉠에서 인자한 모습을 엿볼 수 있습니다.

5 다른 사람을 배려할 줄 아는 삶의 태도와 관련지어 느낀 점을 바르게 말한 사람은 지은이입니다.

1 '험상궂게 생긴 데다가 입은 옆으로 길게 찢어져 있었습니다'와 '입 양쪽에는 긴 수염도 나 있었습니다'와 같은 표현을 통해 낯선 물고기의 생김새를 알 수 있습니다.

2 물고기들은 낯선 물고기의 험상궂은 모습을 보고 슬금슬금 피하기 시작하였습니다. 그러나 메기가 자기를 소개하며 앞으로 잘 지내자고 말하자 모습만 보고 겁을 먹었던 잉어와 붕어는 안심하게 되었습니다.

3 ㉠은 물장군들이 몸에 달라붙어 따가워서 하는 말이므로 아파하는 목소리나 몸을 움찔대는 몸짓으로 표현하면 실감 납니다.

4 메기가 물장군을 쫓아 주었을 때 물고기들은 "메기야, 고마워."라고 진심으로 고마운 마음을 전하였습니다.

5 메기의 모습이 험상궂은 것과 달리 마음은 착하다고 말한 빈우가 인물의 모습과 관련지어 글을 읽고 느낀 점을 알맞게 말하였습니다.

내 짝꿍 최영대

울음 코맹맹이 겸연쩍게

1 ④ **2** 나 **3** ④
4 ❶○ **5** 나

1 영대는 엄마 없는 바보라는 말을 듣고 참았던 설움이 터져 나와서 울음을 터뜨린 것입니다.

2 영대의 울음소리는 너무나 슬프고 괴로운 것이었다고 하였으므로, 점잖게 우는 모습은 어울리지 않습니다.

3 버스에서 일어난 일은 반장이 영대 가슴에 배지를 꽂아 준 것입니다.

4 반장이 처음에 영대를 놀릴 때는 장난스럽고 짓궂은 모습이었을 것이고, 영대가 울음을 터뜨린 다음에는 미안해하는 모습이었을 것입니다.

5 반장은 어젯밤 친구들 앞에서 영대를 놀린 것에 대해 미안한 마음이 들었을 것입니다. 따라서 다음날 반장이 영대에게 배지를 달아 준 것은 화해하고 싶은 마음이나 앞으로 친하게 지내고 싶은 마음을 행동으로 표현했다고 볼 수 있습니다.

❶ 올림픽기
❷ 신나는 윷놀이

귀하고 고리 승부

1 ❷○ **2** 협력 **3** ❶걸 ❷모
4 ④ **5** 다

1 올림픽기는 흰 바탕에 파랑, 노랑, 검정, 초록, 빨강의 고리 다섯 개를 겹쳐 놓은 모양을 하고 있다는 특징을 설명하였으므로, (2)가 올림픽기입니다.

2 글의 끝부분에 올림픽기에서 고리 다섯 개를 겹쳐 놓은 모양은 다섯 대륙의 평화와 협력을 상징한다는 내용이 나옵니다.

3 윷놀이에서 윷이 세 개가 뒤집히면 '걸', 네 개가 다 엎어지면 '모'가 된다고 하였습니다.

4 윷놀이를 할 때 윷을 하면 윷말을 네 칸 움직일 수 있으므로, ④는 잘못된 내용입니다.

5 이 글을 통해 우리나라는 일찍부터 농사를 지으며 살아왔기 때문에 말보다 소가 더 귀하고 중요하였고, 처음에는 윷놀이를 할 때에도 소를 상징하는 '윷'이 윷말을 가장 많이 움직일 수 있었기 때문에 윷놀이라고 부르는 것을 알 수 있습니다.

2 Day 87~90쪽 사라진 직업 '보부상'

각지 이동 누비던

1 ① **2** ❶-㉯, ❷-㉮
3 봇짐장수 **4** ❶ ○ **5** 상문

3 Day 91~94쪽 가공식품을 제대로 알자

결핍 가공 조리

1 가공식품 **2** ② **3** ❶-㉮, ❷-㉯
4 나 **5** ❷ ○

1 이 글의 제목인 「사라진 직업 '보부상'」을 통해 보부상이 지금은 사라진 직업이며 보부상에 대해 설명할 것임을 짐작할 수 있습니다.

2 보상은 부피가 작거나 가벼운 물건을 보자기에 싸들고 다녔기 때문에 봇짐장수라고 불렀다고 하였습니다. 부상은 부피가 크거나 무거운 물건을 지게에 지고 다녔기 때문에 등짐장수라고 불렀다고 하였습니다.

3 보상과 부상, 즉 봇짐장수와 등짐장수를 합쳐서 보부상이라고 합니다.

4 이 글은 보부상의 뜻, 보부상이 하는 일 등을 설명하였습니다. 오늘날에 보부상은 사라진 직업이며, 보부상이 늘어난 까닭은 이 글에서 설명되어 있지 않습니다.

5 소금이 필요한 사람은 등짐장수를 부르고 장신구가 필요한 사람은 봇짐장수를 불러야 하므로, 병태와 유리는 보부상을 잘못 이해하였습니다.

1 이 글은 '가공식품'에 대해 설명하고 있으므로 알맞은 글의 제목은 「가공식품을 제대로 알자」입니다.

2 이 글에서 글쓴이는 가공식품의 뜻과 특징, 가공식품이 몸에 끼치는 영향 등을 설명하고 있습니다.

3 오래 보존할 수 있고 손쉽게 조리해 먹을 수 있는 것은 가공식품의 좋은 점이고, 우리 몸에 해롭고 주의력 결핍의 원인이 되기도 한다는 것은 가공식품의 나쁜 점입니다.

4 ㉠은 라면이 몸에 해로울 수 있다는 것을 알려 주는 말입니다.

5 글쓴이는 몸에 해로운 가공식품을 사람들이 즐겨 먹는 것은 보존과 조리가 편리하기 때문이라고 하였습니다.

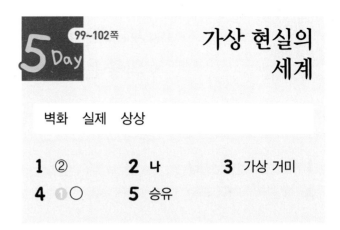

4 Day 95~98쪽 김치 전쟁

원조 표기 으뜸

1 ②   **2** ㄹ   **3** 김치
4 ❷○   **5** 유빈

1 이 글에서 김치는 채소를 저장하는 방법으로 맛과 영양을 고루 갖추었고 예전에는 겨울철에 많이 담근 저장 식품이라고 소개되었습니다.

2 김치는 고춧가루와 젓갈을 사용해서 색깔이 붉으면서도 매운 맛이 있고, 기무치는 간장과 된장을 주로 사용하기 때문에 색깔이 하얗거나 검으며 약간 짠 맛이 난다고 하였습니다.

3 국제 식품 규격 위원회가 김치의 국제적 표기를 '김치'로 결정하였다는 내용이 글에 나옵니다.

4 ㉠에 대해 한국은 젓갈을 넣지 않고 발효시켜 만든 아사즈케를 김치로 인정해서는 안 된다고 주장하였습니다.

5 일본의 기무치가 김치의 원조라는 주장은 사실이 아니라고 하였으므로, 채훈이는 글의 내용을 잘못 이해하였습니다. 김치는 맛과 영양을 고루 갖춘 음식이라고 하였으므로, 유빈이가 글의 내용을 바르게 이해하였습니다.

5 Day 99~102쪽 가상 현실의 세계

벽화 실제 상상

1 ②   **2** ㄴ   **3** 가상 거미
4 ❶○   **5** 승유

1 이 글에서는 머리와 손에 특별한 장치를 하면 가상 현실을 경험할 수 있다고 하였으므로, 가상 현실은 우주에서만 경험할 수 있는 것이 아닙니다.

2 가상 현실은 현실이 아닌데도 실제처럼 생각하고 보이게 하는 현실을 말하며, 동굴 벽화를 그린 선사 시대의 사람은 가상 현실 기술을 이용하지 않습니다.

3 거미를 몹시 두려워하는 사람을 치료하기 위해 가상 거미가 이미 사용되고 있다는 설명이 네 번째 문단에 나옵니다.

4 ㉠의 문단에서는 첫 번째 문장이 문단의 내용을 대표하고 있어서 가장 중요한 문장입니다. 두 번째 문장과 세 번째 문장은 첫 번째 문장을 자세히 설명해 주는 역할을 합니다.

5 가상 현실 기술로 교육하면 외딴 곳에 사는 학생도 도시에 사는 학생과 똑같은 교육을 받을 수 있다고 하였습니다.

❶ 흥부와 놀부
❷ 의좋은 형제

주렁주렁   볏단   식구

1 ③   **2** 겨울   **3** ❶-㉯, ❷-㉮
4 ③   **5** 유진

1 여름에 제비가 다리를 다쳐 흥부가 치료해 준 것이고, 이듬해 봄에 제비가 박씨를 마당에 떨어뜨렸으며, 가을에 흥부네 지붕에 커다란 박이 주렁주렁 열렸습니다.

2 이 글에 나오는 시간을 나타내는 말은 '어느 여름날, 이듬해 봄, 그해 가을'이고, 모두 계절이 언제인지 알 수 있게 해 줍니다.

3 형이 동생네 곳간으로 몰래 가서 볏단을 쌓아 둔 것은 캄캄한 밤입니다. 그리고 형과 동생이 곳간의 볏단을 보고 깜짝 놀란 것은 이튿날 아침입니다.

4 형제는 밤사이에 서로 볏단을 몰래 가져다 놓았는데도 아침에 곳간의 볏단이 줄지 않은 것을 보고 깜짝 놀랐습니다.

5 형제는 서로 볏단을 가져온 것이 아니라 서로 가져다 놓았으므로, 민아와 장훈이가 한 말은 잘못되었습니다. 형제가 볏단을 지고 가다 길에서 마주친 것은 밤에 일어난 일이므로, 준서가 한 말도 잘못되었습니다.

농부와 세 아들

괭이   잡초   보물

1 ③   **2** 포도밭   **3** 다
4 ❶2 ❷3 ❸5 ❹1 ❺4   **5** ❷○

1 세 아들은 몹시 게을러서 일하기를 싫어하였습니다.

2 세 아들은 아버지가 돌아가시자 아버지가 남긴 말씀에 따라 보물이 묻혀 있다는 포도밭으로 갔습니다.

3 세 아들이 포도밭을 열심히 파헤친 덕분에 다른 해보다 훨씬 탐스러운 포도가 주렁주렁 열린 것은 그해 여름입니다.

4 아버지가 포도밭에 보물을 묻어 두었다고 말한 뒤에 돌아가시자 세 아들은 열심히 포도밭을 파헤쳤습니다. 아무리 땅을 파헤쳐도 보물을 찾을 수 없었는데, 열심히 땅을 파헤친 덕분에 다른 해보다 탐스러운 포도송이가 주렁주렁 열렸습니다.

5 아버지는 포도밭에 보물을 묻어 두었다고 말하면 게으른 세 아들이 보물을 찾기 위해서 포도밭을 파헤칠 것이고 그렇게 하면 포도 농사가 잘될 것이라고 생각한 것입니다.

3 Day 115~118쪽 고물 버스 세계 여행

운전   거대한   출발

1 만리장성   **2** 다음 날 오후   **3** ②

4 ❶-㉮, ❷-㉰, ❸-㉯   **5** 나

---

1 구름이는 인천항에서 중국의 다롄 항으로 가는 배를 탔고, 다롄 항에 도착한 다음날 베이징으로 가는 길에 만리장성을 보러 갔습니다.

2 구름이가 다롄 항에 도착한 때가 언제인지 알수 있게 해 주는 부분은 '다음 날 오후, 다롄 항에 도착하고 있다는 안내 방송이 나왔어.'입니다.

3 구름이네 가족이 언제 어디에서 무슨 일을 하는지 살펴보고 시간의 흐름과 장소의 변화에 따라 순서대로 정리하면 '③ → ① → ④ → ②'입니다.

4 ❶은 만리장성의 한 부분으로 구름이가 본 것이고, ❷는 만리장성을 보고 구름이가 생각한 것이며, ❸은 아빠가 만리장성에 대해 하는 말을 구름이가 들은 것입니다.

5 구름이는 어마어마한 성벽을 상상했는데 자신이 본 만리장성이 생각만큼 웅장하지 않아서 조금 실망스러웠습니다.

4 Day 119~122쪽 나와 오페라 극장

성문   꼭대기   풍경

1 4, 3, 1, 2   **2** 다   **3** 미술실

4 ②   **5** 무용수, 미술실

---

1 오페라 극장에서 '내'가 간 곳은 '발레 연습실 → 무대 의상실 → 미술실 → 소품실'입니다.

2 발레 연습실에서 바로 다음 날 공연이 있다고 해서 '나'와 할아버지는 잠깐 구경하다 나와야 하였습니다.

3 진짜처럼 보이는 나무와 성, 집, 계단 그림이 있었던 곳은 미술실로, '나'는 성문 그림이 너무 진짜처럼 보여서 안으로 들어가고 싶은 생각이 들 정도였습니다.

4 미술실 바로 아래 있고 오페라 공연에 필요한 작은 물건들이 보관되어 있다고 소개한 장소는 소품실입니다.

5 이 글은 오페라 극장에서 '발레 연습실 → 무대 의상실 → 미술실 → 소품실'의 순서로 장소의 변화가 나타나고 있으므로, 각 장소에서 있었던 일을 정리하면 인물이 겪은 일을 차례대로 정리할 수 있습니다.

월계수로 가린 일장기

123~126쪽

단축   우승   정상

1 월계수   2 1936년 베를린 올림픽
3 ❶ 1931년 ❷ 1935년
4 ④   5 서진

1 글에 제시된 사진에서 손기정 선수는 월계수 화분을 가슴에 완전히 붙여 일장기가 보이지 않게 하고 있습니다.

2 글에 제시된 사진은 손기정 선수가 1936년 베를린 올림픽 마라톤에서 우승한 뒤 일장기를 가리고 시상대에 서 있는 모습을 찍은 것이라고 하였습니다.

3 손기정 선수의 삶에서 주요 장면을 차례대로 정리한 것이므로, 각 사건이 일어난 때에 알맞은 연도를 찾아 순서대로 써야 합니다.

4 이 글에 따르면 1936년 베를린 올림픽 마라톤에 손기정 선수와 남승룡 선수가 대표로 나가서 금메달과 동메달을 땄는데 가슴에 일장기를 달고 시상대에 올랐습니다.

5 '1936년에'라고 시간을 나타내는 말을 넣어 손기정 선수의 삶을 이야기한 사람은 서진이입니다.

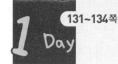

아이들에게 놀이를 돌려주자

131~134쪽

영향   역할   회복

1 ①   2 놀이의 중요성
3 가   4 ❶ ○   5 ②

1 "놀지 말고 공부하여라."는 '공부를 하는 것은 바르고 놀이를 하는 것은 잘못되었다.'라는 생각을 바탕으로 하는 말입니다.

2 "어린이에게 최상의 교육은 놀이다."는 아이들에게 놀이는 중요하다는 것을 나타낸 말입니다.

3 글쓴이는 아이들에게 놀이는 꼭 필요한 활동이라고 하였습니다. 또 놀이는 두뇌 발달에 좋은 영향을 끼치며, 어른들이 먼저 놀이를 나쁘게 여기는 태도를 바꾸어야 한다고 하였습니다.

4 글쓴이는 아이들이 놀이를 통해 많은 것을 배우기 때문에 아이들에게 놀이를 돌려주어야 한다고 생각합니다.

5 글의 중심 생각이 아이들에게 놀이가 중요하다는 것과 아이들에게 놀이를 돌려주자는 것이므로, 학교에서 먼저 놀이 시간을 줄이자는 말은 글쓴이가 하고 싶은 말로 알맞지 않습니다.

영화는 과학이다

관객 투명 앞서

1 ❷○   2 다   3 ④
4 과학   5 단아

1 주원이는 방학 동안 여러 편의 영화를 보면서 영화가 어떻게 만들어지는지 궁금해져서 척척박사 사촌 형을 찾아갔습니다.

2 사촌 형은 영화를 처음 만든 사람은 뤼미에르 형제로 관객들 앞에서 움직이는 사진을 화면 위에 나타나게 한 최초의 사람들이라고 알려 주었습니다.

3 ㉠은 기계와 기계를 다루는 기술 등이 있으면 영화가 완성된다는 생각을 나타내었습니다. 이를 통해 알 수 있는 영화의 특징은 영화를 만드는 데 여러 가지 과학 기술이 사용된다는 것입니다.

4 사촌 형이 여러 가지 과학 기술로 영화가 완성된다고 한 말, 주원이가 '영화는 과학이구나!'라고 한 말을 통해 중심 생각을 '영화는 과학이다.'와 같이 파악할 수 있습니다.

5 '영화는 과학이다.'라는 글의 중심 생각과 비슷한 생각을 말한 사람은 단아입니다.

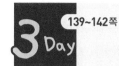

우주 어딘가에 외계인이 있을 거야

탐사 원판 영영

1 ③   2 다   3 ❶○
4 지구   5 ②

1 보이저 호에 외계인을 만나면 전할 지구인의 편지가 실려 있다는 내용은 이 글에 나오지만, 외계인이 편지를 받은 적이 있는지는 글을 통해 알 수 없습니다.

2 보이저 호에 실린 지구인의 편지에는 지구가 어떤 곳인지, 지구인은 누구인지 알려 주는 내용이 담겨 있다고 하였습니다.

3 보이저 호를 띄운 과학자들은 우주 어딘가에 외계인이 있다고 믿었기 때문에 보이저 호에 외계인에게 전할 편지를 실었을 것입니다.

4 보이저 호를 띄운 과학자들은 우주가 끝없이 넓은데 지구에만 사람이 산다고 믿기는 어렵기 때문에 우주 어딘가에 외계인이 꼭 있을 거라고 생각하였습니다.

5 글쓴이는 보이저 호가 외계인을 만날 수 있다고 생각하였기 때문에 「우주 어딘가에 외계인이 있을 거야」라고 글의 제목을 붙였을 것입니다.

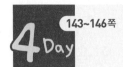

4 Day 143~146쪽
사람은 어떻게 생겼나

퍽   쓸데없이   깊이

1 다리

2 ❶-㉲, ❷-㉣, ❸-㉯, ❹-㉰, ❺-㉠

3 ④   **4** 서정

1 이 글에서 얼굴, 머리, 혈맥, 신경, 살가죽이 가지고 있는 공통된 생각은 사람 몸에서 자기가 제일이라는 것입니다.

2 이 글에 나오는 얼굴, 머리, 혈맥, 신경, 살가죽은 왜 자기가 제일인지를 말하였는데, 그렇게 말한 부분이 생각에 대한 까닭이 됩니다. 각 인물의 생각과 그렇게 생각한 까닭을 알아본 뒤에 내용에 알맞은 인물을 찾으면 됩니다.

3 인물들이 서로 자기가 제일이라고 말하는 상황이므로, 이러한 상황에 대해서 사람의 몸은 여러 부분이 모여 하나가 된다고 말하여 줄 수 있습니다.

4 이 글의 중심 생각은 사람의 몸에서 필요하지 않은 부분은 없으며 여러 부분이 모여 하나가 된다는 것입니다. 이러한 글의 중심 생각을 바르게 파악하여 '우리도 한 사람 한 사람이 꼭 필요한 사람이야.'라고 자신의 생각을 말한 사람은 서정이입니다.

5 Day 147~150쪽
판서도 제 싫으면 그만

행차   사령   벼슬

1 가   **2** ①   **3** ❶○

4 ②

1 「판서도 제 싫으면 그만」이라는 제목으로 보아, 판서도 자기가 싫으면 못 한다는 이야기이거나 판서가 되었지만 그 일을 별로 좋아하지 않는 이야기라고 짐작할 수 있습니다.

2 나무꾼이 어느 벼슬자리도 괜찮지만 임금 자리를 탐내지는 않는다고 말하였으므로, ②는 알맞고 ①은 알맞지 않습니다. 또 판서가 되어서 기쁘긴 하지만 자신이 할 일은 따로 있다고 생각하였으므로 ④도 알맞습니다.

3 판서가 되었지만 벼슬자리가 자연스럽지 못하여 불편한 마음으로 하루하루를 보낸 나무꾼은 자신이 할 일은 따로 있다고 생각하였습니다.

4 나무꾼이 판서가 되고도 벼슬자리가 자연스럽지 못하여 불편해하는 것에서 사람마다 자기에게 맞는 일이 따로 있다는 교훈을 얻을 수 있습니다.

상위권의 기준

최상위 수학

수학 좀 한다면

상위권의 기준

최상위 수학 S

수학 좀 한다면

초등수학은 디딤돌!

아이의 학습 능력과 학습 목표에 따라
맞춤 선택을 할 수 있도록
다양한 교재를 제공합니다.

문제해결력 강화 문제유형, 응용

개념 다지기 원리, 기본

개념 + 문제해결력 강화를 동시에

기본+유형, 기본+응용